O Estado Persa

Coleção Debates
Dirigida por J. Guinsburg

Equipe de Realização – Tradução: Paulo Butti de Lima; Revisão de originais: José Marcos Macedo; Preparação de texto: Marcio Honorio de Godoy; Produção: Ricardo W. Neves e Raquel Fernandes Abranches.

david asheri
O ESTADO PERSA
Ideologias e instituições no império aquemênida

edição de P. Butti de Lima

PERSPECTIVA

Título do original
The Persian State

Copyright © Dwora Gilula

Dados Internacionais de Catalogação na Publicação (CIP)
(Câmara Brasileira do Livro, SP, Brasil)

Asheri, David, 1925-2000.
O Estado Persa : ideologias e instituições no império aquemênida / introdução e ensaios de David Asheri ; [tradução Paulo Butti de Lima]. — São Paulo : Perspectiva, 2006. — (Debates ; 304 / dirigida por J. Guinsburg)

Título original: The Persian State
Bibliografia.
ISBN 85-273-0746-4

1. Dinastia aquemênida, 559-330 A.C.
2. História antiga 3. Irã antigo, até 332 A.C.
I. Guinsburg, J. II. Título. III. Série.

05-9089   CDD-935.05

Índices para catálogo sistemático:
1. Pérsia : Império aquemênida : História 935.05

Direitos reservados em língua portuguesa
EDITORA PERSPECTIVA S.A.
Av. Brigadeiro Luís Antônio, 3025
01401-000 – São Paulo – SP – Brasil
Telefax: (0--11) 3885-8388
www.editoraperspectiva.com.br
2006

SUMÁRIO

Entre a *Polis* Grega e a "Política" Aquemênida – *Paulo Butti de Lima* 7

Advertência 13

Introdução 15

1. Centro e Periferia no Império Persa 35
2. O Ideal Monárquico de Dario 75
3. Satrapias e Tributos 99

Epílogo 133

Lista de Abreviações 137

Nota Bibliográfica 139

Ricordo di David Asheri – *Luciano Canfora* 143

Índices 147

ENTRE A *POLIS* GREGA E A "POLÍTICA" AQUEMÊNIDA

"A Grécia é um grande erro. A Pérsia: é preciso voltar para a Pérsia". Retomando ironicamente este imperativo de André Breton, David Asheri, historiador do mundo antigo e professor da Universidade de Jerusalém, procurava indicar, em forma de paradoxo, o que se tornara um seu campo principal de interesse. *O Estado Persa*, que aqui apresentamos, constitui o resultado mais significativo de um tal propósito. Tendo sido preparado para a publicação, este texto permaneceu inédito e é editado agora, pela primeira vez, em língua portuguesa.

Quando foi convidado, em julho de 1991, para expor suas palestras sobre o "Estado Persa", Asheri encontrava-se envolvido em um novo projeto de publicação das *Histórias* de Heródoto. Asheri tinha então dedicado à obra do historiador grego, além da introdução geral, a introdução e o comentário dos livros I e III: ou seja, dos livros em que

Heródoto oferece, a um público grego curioso, mas não tão informado, o quadro da ascensão ao poder da dinastia dos reis aquemênidas e de sua expansão[1]. Pode-se dizer que os relatos contidos nos livros comentados por Asheri constituem o "Estado Persa" de Heródoto: narração de fatos relativos à afirmação de um poder dinástico, análise etnogeográfica do território dominado, observação das formas concretas de dominação.

O público ao qual Asheri se dirigia era composto por doutorandos não especialistas em argumentos de história do antigo Oriente. A Scuola Superiore di Studi Storici, dirigida por Aldo Schiavone, mostrava-se já como uma das experiências mais inovadoras no seu setor e atraía professores de renome nos vários campos da pesquisa histórica. Tema geral do curso, naquele verão de 1991, era "O Estado dos Antigos e dos Modernos". Em três encontros, de cerca de três horas cada um, Asheri devia oferecer uma introdução ao governo dos soberanos aquemênidas: o que era significativamente chamado "Estado Persa".

Tarefa nada fácil, mesmo para alguém, como Asheri, que havia muito dirigira seu olhar para realidades "de fronteira", entre mundo grego e oriental. Leitor de Heródoto, Asheri chegara às questões do mundo persa pelo viés grego. Não era um interesse novo, ou somente "herodoteano", pois já em 1983 publicara *Entre Helenismo e Iranismo*, retomando a citação de Breton: uma obra em que o autor tratava aspectos da vida em uma cidade da antiga Lícia, na Ásia Menor, ligada ao mundo grego e sob domínio aquemênida[2].

---

1. O livro I apareceu em 1988, o livro III em 1990, nas edições da Fondazione Lorenzo Valla (Mondadori), Milano. O livro VIII, com introdução e comentário de Asheri, foi publicado em 2003. Uma versão inglesa desta edição está sendo preparada para publicação pela Oxford University Press, organizada por Oswyn Murray.

2. *Fra ellenismo e iranismo. Studi sulla società e cultura di Xanthos nella età achemenide*, Patron editore, Bologna, 1983.

Problemas de história socioeconômica, como a questão da propriedade da terra nas cidades gregas[3]; o fenômeno da colonização e, por conseguinte, o mundo grego em suas regiões extremas; os contatos entre este mundo e as realidades vizinhas[4]: estes os principais campos de estudo de David Asheri – além de seu trabalho historiográfico, dedicado em particular a Heródoto[5]. Não seria difícil reconhecer elementos biográficos na escolha destes temas, para o estudioso de origem italiana (Florença, 1925), transferido para a Palestina em seguida às leis anti-semitas do Fascismo (1939)[6], refletindo, criticamente, sobre o seu novo mundo de eleição, também este "de fronteira", também este

3. Assim já sua tese de doutorado, defendida em 1962 e publicada em italiano com o título *Distribuzione di terre nell'antica Grecia*, "Memoria dell'Accademia delle Scienze di Torino. Classe di scienze morali, storiche e filologiche", s. 4, n. 10, 1966 (apresentada por A. Momigliano); cf. ainda "Sulla legge di Epitadeo", *Athenaeum* 39 (1961), p. 45-68; "Laws of Inheritance, Distributions of Land and Political Constitutions in Ancient Greece", *Historia* 12 (1963), p. 1-21; *Leggi greche sul problema dei debiti*, Pisa, 1969.

4. *Über die Frühgeschichte von Herakleia Pontike*, em *Ergänzungsbände zu den Tituli Asiae Minoris*, nr. 5, Bd. I (Österreichische Akademie der Wissenschaften. Philos.-Histor. Klasse - Denkschriften, Band 106), Wien, 1972; *La colonizzazione greca*, em E. Gabba-G. Vallet (org.), *La Sicilia antica*, I 1, Napoli, 1980, p. 89-139; *Colonizzazione e decolonizzazione*, em S. Settis (org.), *I Greci. Storia cultura arte società. 2. Una storia Greca I. Formazione*, Torino, 1996, p. 497-525.

5. Além da edição de Heródoto para a Fondazione Valla, pode-se ver, em *Hérodote et les peuples non grecs* (Entretiens sur l'Antiquité Classique XXXV), Vandoeuvres-Génève, 1990, o ensaio sobre *Herodotus on Thracian Society and History*, p. 131-163 (com discussão p. 164-169); "Divagazioni erodotee sulla Cilicia persiana", *Quaderni storici* 76 (1991), p. 35-65; *Erodoto e Bacide. Considerazione sulla fede di Erodoto negli oracoli*, em M. Sordi (org.), *La profezia nel mondo antico*, Milano, 1993, p. 63-76; *Platea vendetta delle Termopili: alle origini di un motivo teologico erodoteo*, em M. Sordi (org.), *Responsabilità, perdono e vendetta nel mondo antico*, Milano, 1998, p. 65-86. Diretamente atinentes ao tema deste volume são os ensaios: *Erodoto e Bisitun*, em E. Gabba (org.), *Presentazione e scrittura della storia*; e "L'ideale monarchico di Dario", *Aion (arch.)* 3 (1996), p. 99-106.

6. David Asheri era filho de Enzo Bonaventura, professor de psicologia da Universidade de Florença, o qual perdeu seu emprego após a promulgação das leis raciais fascistas e foi então chamado a ensinar na Universidade de Jerusalém.

trazendo as marcas, em sua literatura antiga, dos contatos com o primeiro grande império universal. Asheri tinha consciência de trabalhar sobre temas e questões que interessavam diretamente à pesquisa histórica contemporânea. Esta perspectiva ampla, que se vislumbra atrás das análises mais específicas, e a dimensão internacional de seu diálogo acadêmico, são os traços que distinguem a carreira de Asheri como estudioso[7].

O texto que Asheri preparou para a publicação evita a solução mais simples – e mais seguida por outros historiadores – de acompanhar a seqüência cronológica dos reis aquemênidas. Diante desta perspectiva tradicional, em que os problemas são abordados em função das figuras dos grandes monarcas, o autor procura individuar temas principais de leitura, que podem servir de moldura para a exposição diacrônica. O procedimento privilegiado por Asheri, aqui e em outros textos, divide-se entre a apresentação de questões históricas gerais e o exame detalhado e comparativo de algumas fontes selecionadas. A análise histórica conjuga-se, a cada momento, com a reflexão histórico-política: Asheri guia seu leitor através de interrogações amplas, mas bem determinadas, como a natureza do poder e as formas de domínio, a noção de império e a tolerância religiosa.

Asheri reproduz, em seu texto, o esquema e o conteúdo tripartido das conferências. Acrescenta, na *Introdução*, uma apresentação geral, mas não esquemática, da história do império – de sua formação e de seus soberanos –, e um quadro das fontes. Tema condutor do volume é o binômio "centro/periferia", que abre o primeiro capítulo, acompanhado por algumas considerações a respeito da natureza do imperialismo, dos meios de dominação de espaços amplos e comunidades humanas variadas. A imposição do poder e o controle do território são apresentados, sinteticamente, nos seus vários aspectos: legislação, organização militar, for-

---

7. Uma biografia de David Asheri deve ser publicada por Oswyn Murray na edição inglesa de Heródoto (agradeço o autor por ter-me permitido ler uma versão inédita deste trabalho). Ver também a notícia de G. Herman, em *Scripta Classica Israelica* 20 (2001), p. 335-337.

mas de comunicação. Segue, naturalmente, o problema religioso, "campo de compromisso entre o poder central e a periferia", visto através de uma análise crítica da representação do masdeísmo como religião "tolerante". O segundo capítulo mostra-se, essencialmente, como um exercício de leitura comparada das fontes, como Asheri deixava claro em sua conferência, dirigida a um público variado de historiadores. O debate sobre as formas de governo em Heródoto, em particular a defesa da monarquia, é aproximado à inscrição de Dario em Naqsh-i Rustan: ou seja, as palavras *atribuídas* a Dario por um historiador grego são comparadas com a expressão *direta* do soberano. Um exercício historiográfico que se transforma, na versão escrita das palestras, em uma análise do ideal monárquico de Dario, ou seja, na visão que emana do "centro" e se traduz em variadas línguas e culturas. Na análise perspicaz de Asheri, é agora o olhar oriental que leva a compreender o mundo grego e sua literatura, a criação da *historía* e os fundamentos de nossa reflexão política – na periferia de um império menos homogêneo também na sua *politéia* do que se costuma supor. Faltava, pois, dirigir a atenção à "periferia", ou melhor, às formas descentralizadas do poder. Dario permanece, aqui também, o personagem principal deste estudo. A sua específica atuação a nível local – e sua imagem de comerciante – permite olhar para o sistema de satrapias, para as formas de relacionamento econômico com as áreas mais longínquas do império, para os meios de distribuição e aplicação dos recursos naturais e financeiros. Asheri pode assim completar, com este terceiro capítulo, o amplo quadro político, religioso e econômico deste primeiro império verdadeiramente "universal".

Terminado em 1993, o livro não chegou a ser editado, visto o encerramento do programa editorial da Scuola[8]. Tendo transcorrido algum tempo, o autor pensava em rever

---

8. Foram publicados, no setor dos estudos clássicos e da história antiga, os seguintes volumes: J.-P. Vernant – A. Schiavone, *Ai confini della storia*, Einaudi, Torino, 1993; O. Murray, *La città greca*, Einaudi, Torino, 1993; P. Butti de Lima, *L'inchiesta e la prova*, Einaudi, Torino, 1996.

e atualizar o texto, pelo menos a nota bibliográfica. O ritmo com que se sucedem publicações e são apresentadas novidades justifica uma grande cautela. Todavia, a prudência já era uma virtude da escrita de Asheri, combinada com uma visão historiográfica que não só permanece válida, mas que tem poucos concorrentes no campo dos estudos orientais. O cuidado na preparação do texto e a atenção pelo quadro interpretativo fazem de *O Estado Persa* uma pequena obra-prima em seu setor, que permanecerá uma ótima introdução à compreensão do mundo aquemênida.

Em 3 de fevereiro de 2000, Asheri falecia. Como então me comunicou Dwora Gilula, uma nota em sua escrivaninha lembrava sua intenção de me escrever, certamente para retomar o projeto de publicação do volume. Asheri deixou inédito um de seus textos mais cuidados, do ponto de vista da apresentação literária, e mais significativos, do ponto de vista da interpretação historiográfica geral. Com inteligência, Jacó Guinsburg permite hoje que o público, não somente brasileiro, tome conhecimento desta obra que, em língua portuguesa, dará um novo significado aos propósitos científicos e didáticos de seu autor[9].

Além de Jacó Guinsburg e Dwora Gilula, que tornaram possível esta publicação, devo agradecer: Luciano Canfora, Oswyn Murray, Pietro Vannicelli, Trajano Vieira e José Marcos Macedo.

Paulo Butti de Lima

---

9. Este texto foi entregue por Asheri para ser publicado. No entanto, como é natural, o autor deveria revê-lo durante a leitura das provas. Procuramos nos ater o mais possível ao texto original, seguindo-o mesmo no caso de traduções de textos antigos. Quando, porém, se tratava claramente de enganos e lapsos do autor, que pouco interfeririam na sua argumentação, corrigimos diretamente o texto, sem indicar esta intervenção. Incluímos algumas notas e os índices finais, com o único fim de tornar mais cômoda a leitura do texto (no índice final, acrescentamos algumas informações sumárias entre parênteses, para ajudar o leitor menos habituado com os argumentos tratados). Nas notas, damos as referências completas somente das obras não citadas na "Nota Bibliográfica". Mantivemos a transliteração do persa antigo utilizada por Asheri: *s* em vez de *ç*, *sh* em vez de *š*, *kh* em vez de *x*, *th* em vez de *θ*.

ADVERTÊNCIA

Os ensaios reunidos neste volume (capítulos 1-3) são o resultado de uma série de palestras, apresentadas em julho de 1991 na Scuola Superiore di Studi Storici da Universidade da República de San Marino. Eles refletem, mesmo em sua forma atual, algumas exigências didáticas originais, como a exposição mais ou menos ordenada do material, a escolha refletida dos problemas e a iniciação propedêutica à leitura crítica e comparativa das fontes históricas. A inclusão de uma *Introdução* e de uma breve *Nota bibliográfica* pretende satisfazer a dupla exigência de uma rápida resenha preliminar de história fatual e de uma orientação básica na enorme bibliografia de estudos modernos dedicados à temática desenvolvida nestes ensaios.

Tomo ensejo das palavras de E. J. Bickerman, em um seu conhecido prefácio[1], para uma confissão pessoal. Para

1. E. J. Bickerman, *Studies in Jewish and Christian History*, I, Leiden, 1976, p. IX.

um historiador da Grécia antiga, a transgressão das fronteiras orientais é inevitável. O fascínio é irresistível, mesmo se as barreiras lingüísticas podem parecer, à primeira vista, insuperáveis. O campo do vizinho é sempre mais verde do que o próprio; nele trabalhamos com maior deleite, aprendemos coisas realmente novas, a nossa visão se alarga e habituamo-nos a redimensionar o valor e o produto do próprio campo. E, dado que o estudo do império aquemênida é, por sua natureza, pluricultural e pluridisciplinar, o classicista não se encontra, no final das contas, em uma condição essencialmente inferior à do iranista, do assiriólogo, do egiptólogo ou do biblista, tanto mais que a contribuição das fontes gregas para este estudo é indiscutivelmente decisiva. Em outras palavras, é uma transgressão que compensa, mesmo às custas de erros imperdoáveis, e que recomendo sem reservas para os meus colegas que ainda não tiveram coragem para fazê-lo.

Jerusalém, outubro de 1993
David Asheri

INTRODUÇÃO

Assíria, Média, Pérsia, Macedônia: as quatro "monarquias universais" do mundo antigo, os quatro pontos de referência canônicos da periodização cronológica da história humana e, ao mesmo tempo, elementos inexauríveis de reflexão sobre o tema sempre atual da ascensão e decadência dos impérios, fonte de expectativas e desilusões apocalípticas. A origem desta série-teoria é, obviamente, médio-oriental, mas não egípcia, dada a ausência do Egito. A sucessão das três primeiras monarquias era conhecida, pelos historiadores gregos, desde o século V a.C.; a quarta foi acrescentada após a época de Alexandre da Macedônia, e, em 168 a.C., em seguida à queda do reino macedônico, foi anexada, triunfante, a quinta e última: Roma.

Os antigos partiam do pressuposto de que toda grande época histórica deve coincidir com a supremacia de uma superpotência, sem a qual reinaria a anarquia: "Nem o universo pode ser governado por dois sóis, nem o globo terrestre pode suportar com segurança dois reinos" – assim sentenciava Justino (*Histórias Filípicas*, XI, 12, 15), provavelmente seguindo Pompeu Trogo, autor latino de história universal da época de Augusto. Os períodos de coexistência de duas superpotências – Assíria e Média, Roma e Macedônia, Roma e Pártia – eram aparentemente descartados enquanto situações breves, anômalas e transitórias. Os historiadores antigos eram profundamente atraídos por dois fenômenos principais: a rápida ascensão das grandes monarquias universais e sua queda repentina e inesperada. Para nós, modernos, a atualidade destes problemas não precisa ser acentuada. Mas a monarquia universal, como fenômeno histórico, encantou os antigos, e continua a encantar também a nós modernos, não somente pelo seu nascimento e morte, mas também pelas suas ideologias, estruturas e instituições: por um lado, o impulso ao expansionismo permanente com as suas causas visíveis ou escondidas; a tendência contínua em direção a "novas fronteiras" até a incorporação no império de todo o mundo civil; *plus ultra*, como slogan nos confrontos de toda fronteira natural ou legal que a sabedoria tradicional aconselha respeitar; o desejo insaciável de explorações geográficas, de conquista e civilização de terras selvagens e incógnitas, até a identificação do império com o próprio mundo, no qual o sol não se põe e tem como limite o "éter de Zeus" – como Xerxes se exprime nas *Histórias* de Heródoto (VII, 8, γ, 2) – e o reconhecimento do monarca soberano como o eleito da divindade máxima que rege a ordem cósmica, ou mesmo como a própria divindade. Por outro lado, a concretude trágica do hiato entre ideologia e realidade política e institucional, as tensões entre poder central e forças periféricas centrífugas, a decadência moral, o colapso de toda a estrutura sob a ação do próprio peso.

Esta é a temática destes ensaios: temática de história universal exemplificada pelo caso concreto do estado persa aquemênida, nascido das ruínas dos estados assírio-babilônico e medo por volta de 550 a.C. e abatido pelas armas macedônicas em 331/330. Duzentos e vinte anos de história política, militar, econômica e cultural, de expansões e retiradas, secessões e insurreições internas, desenvolvimentos econômicos e reformas administrativas e fiscais, misturas de culturas e religiões: no estado que, terceiro na série canônica, foi, na realidade, o primeiro império verdadeiramente universal lembrado pela história do mundo. Com efeito, as duas grandes monarquias anteriores, a assíria e a meda, ainda que igualmente multiétnicas, numa escala bem mais limitada, não conseguiram nunca superar de maneira estável a barreira natural da cadeia montanhosa do Zagros, que separa a planície mesopotâmica do planalto irânico, nem, tampouco, atravessar os limites ocidentais do Taurus e do Hális na Ásia Menor. Com a conquista de Ecbátana, Sardes e Babilônia por Ciro, o Grande, no período de aproximadamente um decênio (cerca de 550-539 a.C.), as velhas barreiras desmoronam. A Pérsis e o Elam (Susiana), regiões anteriormente periféricas tanto em relação às grandes civilizações mesopotâmicas quanto segundo a perspectiva do reino medo, tornam-se, de um momento para o outro, o centro político do Oriente Médio, unificado pela primeira vez na sua história milenar; e se aos medos foi concedido o papel de associados subalternos na administração imperial, a Lídia e a Mesopotâmia, com suas respectivas áreas dependentes, encontraram-se repentinamente reduzidas ao grau de províncias periféricas. As antigas capitais de reinos autônomos tornam-se centros de províncias-satrapias. Os povos, as línguas, os cultos, as estruturas sociais do Oriente Médio, anteriormente compactos e isolados, superam as velhas fronteiras, encontram-se nas novas unidades administrativas e militares, espalham-se, misturam-se, reestruturam-se. A "universalidade" da monarquia aquemênida reside inteiramente nesta tentativa grandiosa de unificação médio-oriental.

O estado persa de que se tratará nestes ensaios é o primeiro dos reinos persas que se sucederam na área irânica antiga. Após o período selêucida, durante o qual a área foi incorporada no novo império universal por cerca de três quartos de século, seguiram o reino pártico dos Arsácidas (cerca de 250 a.C.-225 d.C.) e o reino dos Sassânidas (226-642 d.C.). Também estes dois reinos constituíram-se no Irã ocidental, entre o Mar Cáspio e o Golfo Pérsico, mas, mesmo se se estenderam temporariamente e com sucesso variado para leste, em direção à Índia, e para sudoeste, até as fronteiras da Arábia, nunca conseguiram se elevar ao nível de "monarquia universal", no significado que foi adotado em relação ao império aquemênida. Mesmo sabendo muito pouco dos fatos antigos de seu país, tanto os reis arsácidas quanto os sassânidas ligavam-se, através de genealogias fictícias, aos reis aquemênidas, símbolo da grandeza passada; e até mesmo o último xá Mohammed Reza Pahlevi tinha prazer em se aparentar idealmente, se não genealogicamente, com Ciro, o Grande, organizando, em sua honra, uma grandiosa comemoração internacional em 1971, dois mil e quinhentos anos após a morte do fundador do império[1].

Quem são os medos e os persas – *Madā* e *Parsā* das inscrições aquemênidas, *Paras wmaday* do Antigo Testamento, *Médoi* e *Pérsai* dos gregos? Os historiadores gregos não sabiam nada das origens obscuras e da pré-história desta dupla convencional de povos irânicos. Os medos não entram em cena antes do século VII, nem os persas antes do século VI. No entanto, *Mada* e *Párshua* são nomes de regiões conhecidas pelas fontes assírias desde a segunda metade do século IX a.C. Povos afins do ponto de vista étnico e cultural, falando línguas indo-européias, os medos e os persas habitavam, desde o século IX, pelo menos as áreas montanhosas do Elburz e do Zagros. Viviam de pastoreio e banditismo e eram governados por seus numerosos "reis" tribais ou regionais, que pagavam tributo aos reis assírios. Faltam, porém, indícios arqueológicos nas áreas

---

1. Os *Atos* do congresso internacional realizado em Shiraz foram publicados nos primeiros três volumes da série AI (1974).

mencionadas que possam ser atribuídos com certeza à civilização destes povos. As hipóteses modernas, segundo as quais eles proviriam da Europa oriental ou da Ásia central, teriam imigrado para o Irã ocidental através do Cáucaso ou do Turcomenistão, e, posteriormente, teriam mudado para o interior das áreas montanhosas invadidas, são muito difundidas, mas indemonstráveis. Para nós, como para os historiadores antigos, a história dos medos e dos persas começa na Média e na Pérsia. Para as classes refinadas mesopotâmicas, as rudes populações das montanhas do Elburz e do Zagros pareciam raças de bárbaros e bandidos: *umman-manda**. A sua presença tornou-se, porém, cada vez mais ameaçadora: infiltrações esporádicas, incursões e pilhagens, apropriações na planície, passagem gradual do pastoreio à vida agrícola sedentária, expansão territorial, fusão, enfim, das tribos e clãs em um enérgico reino unitário. A formação do reino medo entre o fim do século VII e a metade do século VI a.C. anuncia, em um certo sentido, a formação do reino macedônico no século IV a.C., ou dos reinos bárbaros na Europa alto-medieval. Se confirmarmos nas fontes orientais conhecidas por Heródoto (I, 96-106), quatro reis medos, Deioces, Fraortes, Ciaxares e Astíages, teriam transformado, em cento e cinqüenta anos (cerca de 710-560 a.C.), as tribos medas em um reino centralizado, com capital em Ecbátana (hoje Hamadan), com um exército especializado, por meio do qual teriam conseguido destruir Nínive, a capital do reino assírio (aceita-se, atualmente, a data de 612 a.C.) e reduzir a "primeira monarquia" nos limites da Crescente Fértil: Babilônia, parte da Síria, Fenícia e Palestina; nesta Crescente sobreviveu e floresceu o reino assírio, ou "neobabilônico" na terminologia moderna, até a conquista persa (539 a.C.). Ou seja, a Segunda Monarquia teria exercido a sua supremacia no Oriente Médio entre 612 e 550 a.C. Com efeito, dominou a área irâ-

---

*. Expressão acádica para designar povos invasores: nas crônicas mesopotâmicas parece indicar provavelmente os medos. (N. da T.)

nica, no norte e leste do reino neobabilônico, e estendeu-se a oeste, incorporando a Armênia (Urartu) e a Ásia Menor até o rio Hális, que foi reconhecido oficialmente como fronteira internacional entre o reino medo e o reino lídio por um tratado famoso (cerca de 585 a.C.), que deu origem a um período de equilíbrio e coexistência pacífica entre todas as grandes potências médio-orientais da época: o reino medo de Astíages (cerca de 585-550 a.C.), o reino neobabilônico de Nabucodonosor (605-562) até Nabonido (556-539)*, o reino egípcio de Amasis (cerca de 568-526) e o reino lídio de Aliates (cerca de 617-560) e Creso (cerca de 560-546). A cronologia do reino medo em Heródoto, com somente quatro reis em um século e meio, é inaceitável nos detalhes, mas é a melhor que possuímos e a única que se pode conferir, de modo aproximativo, com o auxílio de fontes orientais. O reino medo contribuiu indubitavelmente para o processo de unificação política de que falamos, e com isso preparou o caminho para a ação do imperialismo persa; mas o seu grande mérito no campo institucional foi o desenvolvimento de estruturas monárquicas e rituais de corte, herdadas em seguida pelos Aquemênidas.

Na área montanhosa irânica, e talvez também na Armênia e na Ásia Menor, a monarquia meda apoiava-se em um vasto agregado de reinos vassalos e tributários. Em um destes, que os textos assírios do século VII conheciam com o nome de Párshua, reinava então um certo Kurash (Ciro), provável antepassado do fundador homônimo do império persa: este último, com efeito, faz-se chamar, em seu "Cilindro" (sobre o qual falaremos adiante**), "filho do Grande Rei Cambises, rei da cidade de Anshan, neto do Grande Rei Ciro, rei da cidade de Anshan, bisneto do Grande Rei Teispes, rei de Anshan" (§ 21). Visto que a localização de

---

*. Nabucodonosor ou Nebuchadnezzar II (forma seguida por Asheri). Nabonido (ou Nabônides), Nabû-na'id, em grego Nabónnēdos (N. da T.).

**. Cf. p. 36, nota 2; p. 50-52. (N. da T.)

Anshan em Malian (a noroeste de Shiraz) está hoje confirmada, é verossímil que a Párshua dos textos assírios seja a Pérsis (= Fars, a sudeste de Elam) e que a distinção que se costumava fazer entre Anshan e Párshua, e correspondentemente entre duas dinastias aquemênidas, uma em Anshan e outra em Párshua, não possua fundamento: Anshan seria simplesmente a capital do reino de Párshua. Reino vassalo, obviamente: o mais antigo Kurash era tributário do grande rei assírio Assurbanipal (669-627 a.C.), enquanto que os reis sucessivos de Anshan tornaram-se vassalos e tributários dos reis medos. A família dos reis-vassalos de Anshan era conhecida, pelo menos desde a segunda metade do século VI, com o nome de *Hakhāmanishiyā* – Aquemênidas, do nome do genearca *Hakhāmanish*, Aquêmenes. É o que nos diz Dario no início da inscrição de Behistun, que se pode datar entre 520 e 518 a.C., onde indica os nomes de cinco de seus antepassados diretos: Aquêmenes, Teispes, Ariaramnes, Arsames e Histaspes, pai de Dario (DB I §§ 2-3 Kent: ver adiante, a propósito desta inscrição*). No entanto, como o próprio Dario acrescenta que oito membros da sua família foram "reis" antes dele, e, por outro lado, dá-nos a entender, em uma outra inscrição, que nem seu pai Histaspes, nem seu avô Arsames foram reis (DSf §3b Kent), parece lógico supor que ele incluísse, entre os "reis" aquemênidas, pelo menos os quatro reis do ramo de Ciro, dos quais, além do mais, ele conhecia perfeitamente os nomes (DB I §10 Kent). Todos os nomes aparecem também na confusa genealogia referida por Heródoto (VII, 11, 2). Com base nestas e noutras fontes, é possível reconstruir o quadro dos primeiros Aquemênidas do seguinte modo:

---

*. Cf. p. 33 e p. 90 e s. (N. da T.)

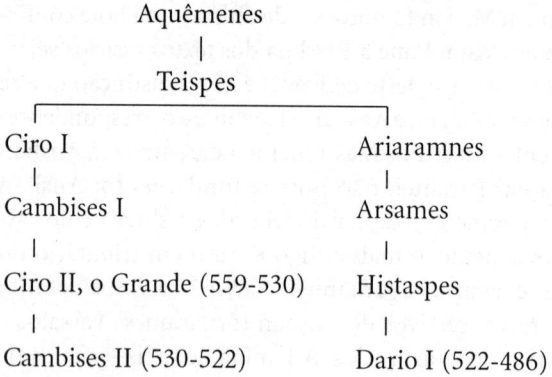

Cronologicamente, este quadro conduz-nos ao início do século VII a.C. para a origem da dinastia de Anshan, de modo que o Kurash tributário de Assurbanipal encontraria lugar, eventualmente, na geração de Teispes, sem, porém, que se conheça seu grau de parentesco. A presença dos dois ramos paralelos poderia refletir uma divisão qualquer do reino durante as gerações dos primeiros Ciro e Cambises, por um lado, de Ariaramnes e Arsames, por outro; mas não se pode excluir a hipótese de que estes dois últimos tenham sido incluídos por Dario no número dos oito "reis" precedentes com o fim de autoglorificação e autolegitimação de seu ramo e de seu reino controvertido [2].

Considera-se, comumente, que Ciro, o Grande, tenha sucedido ao pai Cambises como "rei de Anshan" em 559 a.C., para se tornar "Grande Rei" do novo império em 550, data suficientemente confirmada do final do reino medo de Astíages. Sobre o nascimento e infância de Ciro circulavam muitas versões, todas mais ou menos lendárias e glorificadoras; mas a sua história verdadeira começa com a insurreição dos persas contra a supremacia meda, evento memorável que deixou traços na assim chamada "Crônica de Nabonido", na qual se alude à deserção das tropas de Astíages (*Ishtumegu*) e ao saque persa de Ecbátana, e nos

2. Ver p. 25.

historiadores gregos de Heródoto em diante. A grande marcha de Ciro à conquista dos dois reinos limítrofes iniciou-se poucos anos depois: a Lídia de Creso caiu por volta de 546 a.C., com a conquista de Sardes, e o reino neobabilônico de Nabonido (com todo o Transeufrates: Síria, Fenícia e Palestina) em 539-538. Os generais regionais (os primeiros "sátrapas") completaram, localmente, a obra de submissão: é o que fizeram Mazares e Harpago na Ásia Menor. Ciro, ao contrário, dedicou talvez o seu último decênio de vida à conquista ou reconquista sistemática das províncias irânicas orientais, da Pártia e Hircânia a Bactriana e Sogdiana, que, provavelmente, haviam se libertado do controle do poder central após a queda do reino medo. Talvez numa destas campanhas Ciro tenha morrido (verão de 530 a.C.), mas é impossível dizer onde e como: as versões sobre a sua morte são tão contraditórias e lendárias quanto as versões sobre o seu nascimento.

As conquistas de Ciro e a fundação do império persa colocaram os medo-persas das montanhas em contato direto com as grandes civilizações da Mesopotâmia, do Transeufrates, da Anatólia e do Egeu. Graças às obras escritas nestas áreas anexadas ou limítrofes, hoje é possível recolher a maior parte das notícias sobre a história e as instituições da nova monarquia universal. Três destas civilizações periféricas, os babilônios, os hebreus e os gregos, transmitiram-nos um corpo de tradições essencialmente favoráveis e encomiásticas sobre Ciro: quase nada, ao contrário, pode-se obter a seu respeito das inscrições persas; a fama e glória de Ciro são um produto de culturas não–persas. Graças às suas conquistas foram criadas as bases do processo decisivo para o amálgama do mundo assírio-babilônico e do mundo irânico, que constitui a essência da nova civilização imperial pluriétnica: processo que encontra correspondência na ideologia monárquica, na organização administrativa e tributária, na rede viária, no impulso em direção ao Mediterrâneo, na abertura para a economia comercial e marítima. As três "capitais" do novo império, Pasárgada (talvez fundada por Ciro e lugar de sua tumba; hoje Murghab), Ecbátana e Susa, simbolizam a consolidação do núcleo central Pérsis-Média-Elam, ao passo que a política e a propaganda de restauração de templos destruídos e de comunidades deslocadas garantem o apoio de classes sacerdotais e de várias populações fora deste núcleo central.

Cambises (*Kabūjiya*), filho de Ciro e Cassandane, personagem talvez um pouco excêntrico, a julgar pelo seu comportamento escandaloso no templo de Marduk em Babilônia durante as cerimônias do Ano Novo em 538 a.C., sucedeu ao pai no verão de 530 a.C. A sua contribuição para a expansão do império é a conquista do Egito (525 a.C.), evento memorável que deixou traços em monumentos, documentos hieroglíficos, demóticos e aramaicos, e nas tradições orais locais recolhidas por Heródoto, durante a sua estada no Egito, cerca de oitenta anos após a conquista. Com o último faraó egípcio, Psamênitos, chega ao fim a 26ª dinastia "saítica" e inaugura-se a assim chamada 27ª dinastia, dos primeiros "faraós" persas, reconhecidos formalmente pelo clero egípcio, a começar pelo conquistador Cambises e até Dario II Ocos (424-405 a.C.). Cambises conseguiu provavelmente anexar também Chipre e uma parte da Núbia (*Kush*, a Etiópia dos gregos), centro da civilização nilótica de Napata e Meroé; porém, se a tentativa de garantir o controle persa sobre os oásis ocidentais e as vias das caravanas, desde El-Khargah até o famoso santuário de Amon-Ra no oásis de Shiva, não se concluiu, talvez, com um sucesso pleno, o rei persa não encontrou aparentemente dificuldade em obter, por vias diplomáticas, a submissão de Cirene e de Barce, duas cidades prósperas de origem grega na Líbia, que poderiam ter servido de base para uma eventual campanha contra Cartago: plano que não se realizou por causa da oposição da frota fenícia (segundo Heródoto), mas que ilustra, mais uma vez, a vitalidade do impulso expansionista persa sob os primeiros Aquemênidas.

Cambises morreu no caminho de volta para a Pérsia, na primavera de 522 a.C. Pouco antes, se confiarmos na versão tendenciosa de Dario na inscrição de Behistun, um mago de nome Gaumāta assumira o poder na Pérsis, apresentando-se sob o nome de Bardiya, filho de Ciro, e, como tal, herdeiro legítimo do trono em ausência de Cambises. Segundo esta mesma versão, o "verdadeiro" Bardiya teria sido assassinado pelo irmão Cambises antes da campanha no Egito. Na sua história romanceada do "falso Esmérdis", Heródoto não se afasta desta versão nos fatos essenciais, somente em detalhes (III, 61-79). Isto não significa absolutamente que a versão de Dario seja a verdadeira. A inscrição de Behistun é um texto de propaganda, cujo fim principal é apresentar Gaumāta-Bardiya como um impostor, um usurpador e subversor do direito hereditário legítimo de Dario ao trono aquemênida. A verdade fatual pode ser bem diferente: que o usurpador seja Dario – um Aquemênida, certamente, mas do ramo secundogênito, que provavelmente nunca deteve o trono de Anshan. Tendo Cambises morrido sem filhos, Dario pode ter decidido eliminar o único pretendente legítimo, Bardiya ou Esmérdis, irmão de Cambises, e conquistar o trono com um golpe de estado. Não seria possível entender, de outro modo, a insistência de Dario sobre a legitimidade de seu poder. Gaumāta-Bardiya permaneceu no trono somente por alguns meses; obteve, porém, um amplo apoio na Pérsis e nas províncias, antes de ser morto, em 29 de setembro de 522 a.C., por Dario e seus seis nobres colaboradores, em Sikayauvatish (na Média, provavelmente próximo a Behistun). O significado mais profundo da crise de 522 – crise imperial e não só dinástica – deve, talvez, ser procurado no estado de constante tensão entre centro e periferia; mas não se deve excluir também um fundo econômico-social (o conflito perene entre a aristocracia e o povo, principalmente o povo armado, *kāra* em persa), nem um aspecto religioso-ideológico: Dario é o primeiro rei aquemênida que insiste em se apresentar como o eleito de Ahura Mazda em luta contínua contra a Mentira; e a gigantesca reorganização administrativa do império promovida por Dario no início de seu reino pressupõe uma discórdia interna preliminar em relação ao problema da nova organização do regime monárquico, sobre os privilégios da nobreza medo-persa e sobre os direitos e deveres dos povos súditos. A crise não se extinguiu com o golpe de estado: este foi o sinal de uma insurreição geral, tanto no interior do núcleo central do império – Pérsis, Média, Elam –, quanto nas províncias periféricas, do Egito e da Armênia até a Aracósia. Dario se vangloria de ter dominado os exércitos rebeldes – todos instigados, inevitavelmente, pela Mentira, encarnada pelos falsos Bardiyas, pelos falsos Ciaxares, pelos falsos Nabucodonosores que se colocavam no comando das revoltas regionais – em um ano (522/1 a.C.) e em dezenove batalhas. A narração monótona destas histórias de batalhas ocupa grande parte da inscrição de Behistun.

A expedição de Dario contra os citas "dos chapéus de ponta" (*Sakā tigrakhaudā*), de localização incerta, mas possivelmente a leste do Mar Cáspio, constitui provavelmente a continuação direta destas campanhas. No baixo-relevo de Behistun, a imagem de seu chefe Skunkha foi acrescentada no final da fila dos reis-rebeldes. Também a reorganização da satrapia egípcia, à qual o novo rei dedicou muita atenção para capturar o favor do clero afastado pela política de Cambises, deve, talvez, ser avaliada em relação direta com a repressão da revolta local. Mas assim que recuperou o domínio seguro das áreas rebeldes, Dario considerou-se capaz de retomar a política expansionista de seus predecessores. Por volta de 520 a.C., o sátrapa Otanes conquistava a ilha de Samos, primeira base persa no mar Egeu. Seguiram três importantes expedições de conquista. A leste foi anexada a Índia (*Hidush*, *Sind*), ou seja, a bacia do Indo entre Gandara e a foz do rio, área que hoje pertence ao Paquistão. É significativa a notícia de Heródoto (IV, 44, 1-3), segundo a qual a conquista foi precedida por uma viagem de exploração ao longo do rio, dirigida pelo cário Cílax de

Carianda. A oeste, Dario invadiu a Europa, atravessando o Bósforo, a Trácia e o Danúbio, com o projeto de submeter os citas, ou getas, da área da atual Romênia. Heródoto, seguindo fontes jônicas, apresenta a expedição como um fracasso clamoroso e a retirada para a Ásia como uma derrota catastrófica; apesar disso, a Trácia permaneceu parte integrante do império persa até 476 a.C., aproximadamente, e a Macedônia tornou-se um reino vassalo. Na África, enfim, o sátrapa do Egito, Ariandes, obteve novamente o controle persa na Cirenaica até Euespérides (junto a Bengasi), limite extremo da expansão persa no Ocidente (cerca de 504 a.C.). A área líbica, a oeste do Delta, constituiu uma nova província tributária (*Putāya*). Do ponto de vista grego, os acontecimentos mais notáveis do reino de Dario foram a revolta jônica (cerca de 500-494 a.C.), com as suas repercussões em Cária e Chipre, e a subseqüente repressão e reorganização administrativa da área jônica; e a expedição punitiva comandada por Dátis e Artafernes na Grécia contra Erétria e Atenas, culpadas por terem apoiado os rebeldes jônicos: Erétria foi destruída e despovoada, mas Atenas salvou-se, então, graças à resistência de seus hoplitas em Maratona e ao fracasso do ataque naval persa ao porto de Falero (490 a.C.). Mas, na história da civilização, o reino de Dario permanece ainda hoje digno de memória não tanto pela sua contribuição à expansão territorial do império – que, no final das contas, não foi espetacular – quanto pela sua admirável obra construtiva: a reorganização administrativa e fiscal do império, a fundação de Persépolis, a construção dos palácios reais em Persépolis, Susa e outros lugares, a vasta e excepcional produção epigráfica nunca igualada pelos seus sucessores, a reforma da escrita cuneiforme para adaptá-la à língua persa, a introdução e difusão da moeda, a reforma da ordem judiciária, as explorações geográficas – desde o rio Indo e a circunavegação da península arábica, no Oriente, até as águas do golfo de Tarento, no Ocidente – que lhe valeram o julgamento de Heródoto, segundo o qual "a maior parte da Ásia foi descoberta por

Dario" (IV, 44, 1), a reabertura do canal de Suez através da ligação do braço pelúsio do delta do Nilo ao Mar Vermelho. Naturalmente, estas contribuições não devem ser consideradas isoladamente umas das outras; elas são elementos conexos e interdependentes de uma política expansionista e comercial coerente.

A última tentativa incompleta do expansionismo persa foi obra do filho de Dario, Xerxes (486-465 a.C.); mas logo o fogo se apagou. O Egito consegue subtrair-se ao domínio persa por, aproximadamente, cinco anos (cerca de 486-482 a.C.); Babilônia revolta-se em 484 e 482; no Ocidente, todas as conquistas de Dario na Europa são abandonadas e o império perde o controle do Egeu, de toda a costa ocidental da Ásia Menor, de boa parte da sua costa meridional e da área grega de Chipre: este é o resultado certo e definitivo da famosa expedição de Xerxes na Grécia em 480-479 a.C., as "Guerras Persas" (tà mediká) imortalizadas por Heródoto, com as grandes batalhas terrestres em Termópilas e Platéia, e as batalhas navais de Artemísio, Salamina e Mícale, e a batalha de Eurimedonte um decênio mais tarde. Sob Artaxerxes I "Longímano" (465-425 a.C.), o Egito revolta-se novamente várias vezes, também com o apoio de Atenas, que se serve de Chipre como base naval, e o Grande Rei vê-se obrigado a restringir as próprias atividades navais aos limites do Bósforo e da Panfília ("Paz de Cálias", cerca de 449 a.C.). Sob Dario II Ocos (424-405 a.C.), os cadúsios das montanhas do Elburz ocidental livram-se de fato do controle persa e o Egito consegue reconstituir-se como reino autônomo por mais de sessenta anos (cerca de 405-343 a.C.), com faraós próprios (as assim chamadas dinastias vigésima-oitava e vigésima-nona), à procura contínua de aliados e mercenários gregos. No Ocidente, a política grega do Grande Rei passa de fato às mãos dos sátrapas de Sardes e de Dascílio. Sob o longo reinado de Artaxerxes II "Mnêmon" (405-358 a.C.), o controle central do rei na Ásia Menor é somente formal. Além dos dois grandes sátrapas mencionados, a Cária e a Lícia passam ao governo de dinastias satrápicas autônomas de fato, se não *de iure*; várias cidades gregas da Ásia Menor, entre as quais as colônias do Mar Negro, são praticamente autônomas, e mesmo reconhecendo formalmente a soberania do Grande Rei, mantêm relações interestatais autônomas entre si e com os sátrapas, e algumas também estendem o seu domínio para as zonas internas; o reino vassalo de Paflagônia subtrai-se, por certo tempo, ao controle central e se alia às tropas espartanas de Agesilau, que procura avançar no interior da Lídia. Com a "Paz do Rei" (387/386 a.C.), a hegemonia persa na Ásia Menor ocidental é formalmente reconhecida por Esparta, e o Grande Rei torna-se de fato o árbitro das relações interestatais entre as cidades gregas, mas isto é mais um sintoma da desunião grega do que do poder persa. No Oriente, fracassam as tentativas de Artaxerxes de recuperar a área dos cadúsios e o Egito, e uma parte da Fenícia torna-se praticamente autônoma. Com um esforço admirável, Artaxerxes III Ocos (358-343 a.C.) consegue retomar o controle da Fenícia e reconquistar o Egito por um último decênio de dominação aquemênida.

O último século e meio de história aquemênida é, em conclusão, um período de retirada, de evacuações, de reconquistas difíceis. Estes processos de política e atividade militar nas fronteiras do império combinam-se com as crises internas, sintoma ainda mais sério de enfraquecimento e impotência do governo central: revoltas de sátrapas, secessões regionais, tentativas de conquistar o trono com mão armada (revolta de Pissutne, 416 a.C.; "anábase" de Ciro, o Jovem, em 401; revoltas gerais de sátrapas nos anos sessenta – cinqüenta do século IV), crises dinásticas, intrigas de corte e regicídios (assassínio de Xerxes, 465 a.C.; de Artaxerxes III, 338 a.C.). O último Dario III "Codomano" (336-330 a.C.) perde todas as províncias ocidentais – Ásia Menor, Transeufrates, Egito, Mesopotâmia – no decorrer de três anos e outras tantas grandes batalhas (Grânico, Isso e Gaugamela) e é assassinado por nobres de seu séquito nas proximidades de Raga (não longe da atual Teerã). Persépolis, Pasárgada, Susa, Ecbátana caem nas mãos de Alexandre Magno com todos os seus tesouros; as províncias orientais, da Pártia ao Indo e a Bactriana, cairão nas mãos do conquistador macedônico antes de sua morte em Babilônia, em 323 a.C. Com o assassínio de Dario III, no verão de 330 a.C., o império aquemênida sai de cena. Sobrevivem simples indivíduos de linhagem aquemênida a serviço dos novos conquistadores. Sobrevive a lembrança da grande monarquia na lenda irânica e na historiografia grega. Entra em cena a Quarta Monarquia universal.

A história fatual do império persa só pode ser substancialmente escrita a partir de fontes gregas contemporâneas e derivadas. A contribuição das fontes orientais para este fim é marginal e circunscrita a acontecimentos particulares (por exemplo, as batalhas de Dario em 522/521 a.C. enumeradas na inscrição de Behistun) ou a fatos regionais de determinadas províncias (por exemplo, o Egito nos dossiês em papiro, a Mesopotâmia nas crônicas babilônicas, a Judéia nos textos bíblicos). As fontes gregas têm obviamente suas limitações de informação e perspectiva. Os seus interesses raramente vão além da parte ocidental do império, com o resultado de que a Ásia Menor, a Fenícia, o Egito, mostram-se privilegiados de forma desproporcional em relação à parte oriental. Em geral, os historiadores gregos não conheciam línguas estrangeiras. Heródoto talvez soubesse o cário, mas certamente não o persa ou o aramaico, nem podia ler escritas cuneiformes ou hieroglíficas. Portanto, dependia completamente do que lhe contavam, cada vez, os seus informantes, que, na melhor das hipóteses, eram guias ou intérpretes bilíngües e honestos. Os gregos que viajavam no Oriente a negócios ou em missões diplomáticas, mesmo se residiam por muito tempo na corte do Grande Rei ou de um sátrapa, ou permaneciam de maneira estável, como exilados políticos, na Ásia Menor ou em outros lugares, tinham os seus preconceitos culturais que obstruíam a compreensão profunda das civilizações orientais, e contentavam-se com as interpretações gregas das mesmas. Eles, além do mais, levavam consigo as suas ideologias políticas sobre o regime ideal, sobre a boa monarquia, sobre a virtude militar, sobre a corrupção dos costumes, ideologias que logicamente condicionavam as avaliações pessoais do passado histórico e do presente político e administrativo do império. Apesar disso, é sempre possível recuperar um substrato de informações fidedignas nos escritos gregos de história persa (*Persiká*). Muitos nomes e dados fatuais referidos nas *Histórias* de Heródoto parecem aceitáveis sem reserva, especialmente quando encontram confirmação, mesmo se aproximada, nas fontes persas: que se pense na genealogia dos Aquemênidas, na história da crise de 522 a.C., nos nomes dos conspiradores contra o Mago, nos catálogos das satrapias, dos tributos e dos contingentes militares, na descrição da "Estrada Real" ou do esquema cronológico do período aquemênida de Ciro até Xerxes, substancialmente preciso e universalmente admitido até hoje nos estudos modernos. Mas, por outro lado, as figuras dos reis persas em Heródoto parecem personificações de tipos ideais – o rei-pai, o tirano cruel, o sábio administrador, o imperador arrogante – que devem muito mais às tradições literárias e político-moralizadoras gregas do que às informações orais recolhidas no Oriente ou que remontam a documentos autênticos. Mas se um poeta como Ésquilo sentia-se livre para traçar a figura abertamente idealizada de Dario nos *Persas* (472 a.C.), em contraposição didática à figura de Xerxes, o historiador Heródoto não dispunha de tal liberdade: o seu Dario é uma figura muito mais complexa, ainda que igualmente mesclada de realidade e imaginação. O mesmo deve ser dito das figuras das rainhas persas, de Atossa a Améstris, dos generais e dos almirantes: os nomes são verdadeiros, as figuras, imaginárias. No que diz respeito a Xenofonte, pode-se em geral considerar que os detalhes informativos de topografia e história militar, recolhidos durante as campanhas de Ciro, o Jovem, e de Agesilau, na Ásia Menor, para a composição da *Anábase* e das *Helênicas*, são confiáveis; mas a figura idealizada de Ciro, o Grande, na *Ciropedia*, é um complexo de elementos didáticos modelados nas figuras históricas de Ciro, o Jovem, e Agesilau e embebidos de teorias monárquicas gregas. É preciso considerar que a *Ciropedia* não é, nem quer ser, um livro de história, e que, portanto, não deve ser usada como fonte de informações históricas, senão em casos extremamente excepcionais e quando existe uma confirmação segura de outras fontes. Os fragmentos dos *Persiká* de Ctésias de Cnido são, em geral, utilizáveis como fonte mais ou menos fidedigna somente para o fim do século V e o início do século IV a.C. O passado persa mais remoto é, nesta obra, uma mistura de despropósitos grosseiros, falsificações intencionais, polêmicas ou tendenciosas, e fantasias, útil eventualmente para conhecer a personalidade singular deste médico-historiador-agente diplomático e o perfil intelectual do público de leitores gregos junto aos quais a obra de Ctésias obteve um sucesso inegável. No que diz respeito aos historiadores de Alexandre Magno, usados por escritores de época romana (Diodoro, Plutarco, Arriano), limitamo-nos aqui a notar a sua importância para o período final da história aquemênida. Mencionemos, enfim, o problema metodológico bastante discutido do uso de dados sobre as monarquias helenísticas para reconstruir, ou conjecturar, eventuais precedentes aquemênidas; uso que é freqüentemente justificado, com muita leviandade, com o pressuposto genérico da continuidade institucional e cultural na história humana. Em conclusão, as fontes gregas de época aquemênida devem ser usadas antes de mais nada para conhecer as interpretações gregas de argumentos persas, interpretações que não são obrigatoriamente sempre errôneas, mas que devem ser tomadas pelo que são, na consciência de suas inevitáveis limitações.

As fontes persas e outras fontes orientais são, em geral, de outro tipo. Não faltam fontes literárias: o *Avesta*, antes de mais nada, o livro sagrado do zoroastrismo, ainda hoje de leitura litúrgica nas comunidades dos parses; mas à parte as *Gāthās*, os textos da coleção remontam somente em parte à época aquemênida. Os textos bíblicos da época aquemênida e helenística – *Esdras*, *Neemias*, o *Segundo Isaías*, *Ageu*, *Zacarias*, *Ester*, *Daniel* e outros – apresentam-nos o ponto de vista da classe dirigente hebraica na Babilônia e na Judéia por conta da política aquemênida sobre assuntos hebraicos, e contêm alguns documentos históricos cuja autenticidade é discutida. Sabemos também da existência de "Livros dos reis" persas, de "pergaminhos reais" (*basilikái diphthérai*) e de crônicas palacianas, todos infelizmente perdidos. Mas a grande massa das fontes orientais são documentos de arquivo: epígrafes, papiros, moedas. Alguns são documentos de indiscutível credibilidade: as tabuinhas de Persépolis, os documentos econômicos babilônicos, os dossiês papiráceos egípcios são os exemplos mais conhecidos, e dos quais teremos ocasião de falar em seguida. Outros, como as inscrições reais de Dario e Xerxes, são textos de propaganda autoglorificadora, compostos segundo o modelo das inscrições reais assírio-babilônicas, que, porém, contêm também notícias históricas de grande valor: que se pense no Cilindro de Ciro ou na inscrição de Dario em Behistun. Trata-se, em todo caso, de fontes primárias autênticas não sobre os fatos, mas sobre o pensamento dos reis aquemênidas sobre o próprio caráter e obra, sobre sua política e ideologia monárquica e sobre o modo como queriam ser considerados e lembrados pelos súditos contemporâneos e pela posteridade. É destas inscrições, e não das interpretações gregas, que deve partir todo estudo das ideologias monárquicas persas. Várias outras fontes epigráficas orientais apresentam, de forma semelhante, mas em proporções diferentes, uma mistura de propaganda e de notícias fidedignas: considerem-se as inscrições hieroglíficas egípcias da época de Cambises e Dario, as cópias de traduções gregas de documentos persas autênticos, as inscrições plurilíngües da Ásia Menor, as inscrições funerárias cárias, lícias e outras, as moedas de cunhagem real, dos sátrapas ou das cidades gregas e fenícias. No que diz respeito à arqueologia, limitamo-nos a acenar a um fenômeno bastante singular: as escavações não refletem geralmente o poder e a riqueza do império, nem a irradiação cultural irânica além dos limites do núcleo central, com a possível exceção da Ásia Menor ocidental. Do ponto de vista arqueológico, o influxo persa na Mesopotâmia e no Egito pode parecer marginal, ao passo que sobressai a continuidade substancial das culturas locais nas construções, na arte e nos cultos durante todo o período aquemênida.

Em resumo, a documentação sobre o império persa mostra-se relativamente muito rica e altamente diferenciada nas línguas e nos gêneros. Deriva deste fato a exigência de estudos plurilingüísticos, pluriculturais e pluridisciplinares sistemáticos, que somente a cooperação de especialistas – iranistas, assiriólogos, egiptólogos, biblistas, classicistas, arqueólogos etc. –, é capaz de satisfazer. Mas o fim destes ensaios é muito mais modesto: ilustrar, através do exame de alguns temas escolhidos, a problemática e os métodos que as fontes a nossa disposição põem e impõem à pesquisa histórica sobre o império aquemênida.

1. CENTRO E PERIFERIA NO IMPÉRIO PERSA

A Antiguidade conheceu entidades políticas diferentes, que nós modernos tendemos superficialmente a identificar usando para todas um termo romano: "império". Falamos do império assírio, do império de Alexandre, do império romano, mas também do império ateniense, do império de Dionísio de Siracusa, do império cartaginês etc. Às vezes, também os antigos simplificavam: os gregos diziam *arkhé*, e os romanos, *imperium*; *megále arkhé* é o termo usual em Heródoto. A Liga de Delos, na origem uma aliança de estados livres, foi concebida como uma *symmakhía*, chefiada por uma cidade-estado "guia", *hegemón*. Porém, no volver de poucos decênios, transformou-se em *arkhé*.

Na língua persa dos reis aquemênidas, a partir da inscrição de Behistun, é recorrente o termo *khshasa*, "reino", na sua dupla acepção de "poder" real e de território dominado pelo rei, e supôs-se que o termo persa tenha sofrido um desenvolvimento semântico análogo ao do *imperium* latino; mas talvez seja mais fácil documentar um desenvolvimento semântico em sentido oposto, de "território" a "poder" real.

Por outro lado, dado que nas inscrições posteriores de Dario e de Xerxes recorre também a fórmula *khshāyathiya ahyāhā būmiya*, "rei desta terra", ou "deste mundo", nasceu a hipótese de que o termo *būmi-* se referia ao conglomerado de todos os "países/povos" (*dahyāva*) súditos do Grande Rei, identificando este conglomerado imperial com o mundo inteiro e dando assim origem à ideologia aquemênida da monarquia universal[1]. Em todo caso, os limites geográficos do "reino" foram definidos pela primeira vez no Cilindro de Ciro[2] (cerca de 538 a.C.), por meio de dois mares: "do mar alto ao mar baixo" (§ 29), aludindo, com toda probabilidade, ao Mar Negro e ao Mar Vermelho (ver Xenofonte, *Ciropedia*, VIII, 6, 21; 8, 1).

A partir de Dario, adota-se, e adapta-se graficamente, a fórmula assíria das "quatro margens" do mundo: "dos sacas de além da Sogdiana até a Etiópia (*Kush*), da Índia até *Sparda* (Sardes)" (DPh § 2 Kent), fórmula claramente persiocêntrica, abreviada pelas fontes bíblicas ("da Índia até Kush") e adaptada pelos gregos segundo suas concepções geográficas do império (limitado a oeste pelo Helesponto e, a este, pelo rio Indo: Aristóteles, *De mundo*, 398 a 27).

Segundo uma doutrina moderna um tanto quanto benevolente, o que caracteriza um "império" é o domínio tolerado e tolerável de uma superpotência. É a idéia grega da *hegemonía*, que implica na noção de um estado soberano que "guia" ou está à frente de um conglomerado de ou-

---

1. Ver G. Gnoli, "Notas sobre *xšāθiya* e *xšaça*", em *Ex orbe religionum. Studia Geo Widengren*, II Lugduni Batavorum, 1972, p. 88-97; Cl. Herrenschmidt, "Désignation de l'empire et concepts politiques de Darius Ier d'après ses inscriptions en vieux-perse", SI V 1 (1976), p. 33-65.

2. Cilindro de Ciro: texto, tradução francesa e comentário de W. Eilers, AI I 2 (1974), p. 25-33; com um novo fragmento e tradução alemã por P. R. Berger, ZAss 64 (1975), p. 192-234. [Cf. H. Schaudig, *Die Inschriften Nabonids von Babylon und Kyros' des Grossen...*, Münster, 2001. N. da T.]

tros estados, formalmente autônomos, que aceitam de bom grado a sua supremacia. Pressupõe-se uma certa medida de cooperação dos súditos com o poder soberano, imposta por interesses recíprocos ou fins comuns. O expansionismo, força inerente a todo império, encontra sua justificação, do ponto de vista dos conquistadores, nas exigências de segurança militar. Também quando existe a consciência da injustiça que a expansão comporta nos confrontos dos povos conquistados, a objeção é neutralizada com o argumento do grave perigo, comum a todos, presente em todo processo de retirada ou desagregação do conglomerado imperial. São as mesmas exigências de segurança que impõem aos conquistadores a procura de cooperação por parte dos conquistados, em defesa de interesses comuns. O apoio obtido constitui, por sua vez, uma legitimação política e moral do expansionismo e do governo imperial, legitimação almejada por todos os conquistadores que experimentaram a alternativa do domínio com a força nua.

Neste quadro, cria-se uma ideologia de propaganda imperial, de guia paternalista por parte do poder central, de lealdade e gratidão por parte das elites súditas, e uma administração imperial que concretiza a ideologia e a propaganda na prática quotidiana. A manutenção do justo equilíbrio entre poder central e províncias súditas é uma arte complexa, de seu sucesso depende a sobrevivência mais ou menos longa do império que terá que se preocupar em como obter o máximo de cooperação sem incorrer no perigo da auto-emancipação dos povos súditos e do naufrágio do poder central na maré dos insurgentes; como efetuar a devolução dos poderes para as áreas periféricas sem pôr em movimento processos irreversíveis de desmembramento total; e assim por diante.

Para justificar o império, os Aquemênidas podiam pôr em evidência também outras vantagens comuns a todos: a obra de colonização, o incremento da agricultura, a arboricultura, as obras de hidráulica, as explorações geográficas – iniciativas que, mesmo a serviço direto dos planos expansionistas e de estabilização do poder central, mostram seu valor também no processo de domínio do homem no mundo e sobre a natureza, sendo, portanto, universalmente vantajosas. Ou seja, o expansionismo aquemênida encontra uma sua razão de ser também no seu dinamismo civilizador, que expulsa as trevas e expande a luz: ideologia de luta dualista de matriz masdeísta (voltaremos a falar deste argumento)*, retomada e desenvolvida também pelo imperialismo europeu moderno.

Do ponto de vista dos povos oprimidos ou agredidos, e não ainda domesticados pela propaganda real, o expansionismo persa apresenta-se como uma gigantesca transgressão sistemática das fronteiras fixadas de uma vez por todas pela natureza ou pelas leis e tratados dos homens; um grandioso ato de *hýbris* que, em vez de instaurar a ordem cósmica, subverte-a e suscita a ira divina. É assim que Heródoto apresenta os planos expansionistas de Xerxes na Grécia: "o sol não verá então nenhuma terra limítrofe à nossa, pois, junto a vós, eu farei de todos os países uma única terra, atravessando toda a Europa" (VII, 8, γ, 2). Para Heródoto, o programa de um império universal é natural em um rei que quer emular Zeus, um rei que unirá, contra a natureza, a Ásia e a Europa com uma ponte de embarcações, que fará fustigar o mar rebelde, que fará cortar com um canal a península de Athos.

Sem dúvida, o expansionismo persa constituiu, até 480/479 a.C., uma ameaça séria para a independência das civilizações limítrofes às "quatro margens" do império. Heródoto faz-se porta-voz destas civilizações agredidas, atribuindo a seus representantes, imaginários ou verdadeiros, palavras de censura e admoestação do agressor: a rainha dos Massagetas diante de Ciro (I, 206, 1-3), o rei dos etíopes aos enviados de Cambises (III, 21, 2-3), o rei cita Idantirso a Dario (IV, 127, 1-4), o rei exilado espartano Demarato a Xerxes (VII, 104). Inaugura-se, com estes e

---

*. Cf. p. 63-71. (N. da T.)

outros trechos de Heródoto, uma corrente de crítica moralizadora do expansionismo persa, que reaparecerá também na literatura grega posterior.

Das inscrições de Ciro descobertas em Pasárgada, resulta que o fundador do império definia a si mesmo como "Grande Rei" (CMb Kent: *Kūr[ush khshāyathiya vazraka*; cf. CMc), título usado normalmente pelos gregos, *ho mégas basiléus*, a começar por Ésquilo, que define os comandantes supremos do exército de Xerxes como "reis súditos do Grande Rei" (*Persas*, vv. 24-25). No Cilindro mencionado (ver acima, nota 2), o conquistador de Babilônia é apresentado nestes termos: "Eu sou Ciro, Rei do mundo, Rei poderoso, Rei de Babilônia, Rei do país de Sumer e Akkad, Rei das quatro margens do mundo" (§ 20). Esta é, porém, uma titulação assíria, formulada pela chancelaria babilônica, presumivelmente a partir de um módulo já usado para o grande predecessor de Ciro, Assurbanipal, e aprovada pelo rei persa.

Falta nesta titulação uma outra fórmula famosa e comum nas inscrições aquemênidas a partir de Dario e nas fontes gregas: "Rei dos Reis", *khshāyathiya khshāyathiyānām*. Título monárquico médio-oriental extremamente antigo, atestado no Egito desde o século XVI a.C., usado por alguns reis assírios desde Tukultininurta I (cerca de 1246-1209) até Assurbanipal (669-627), na forma *shar-sharrāni* (também *bēl-bēlē* e *malik-maliki*), e pelos reis de Urartu nos séculos VIII-VII; em fontes epigráficas fenícias do século V, a fórmula é *adn mlkym*, "Senhor dos Reis", e, nas fontes bíblicas da época aquemênida e helenística, o título *melek mlkym*, ou *melek mlkaya*, é usado por Nabucodonosor e aparece referido ao rei persa em uma carta de Artaxerxes citada por Esdras*.

O título passou dos Aquemênidas aos reis arsácidas e sassânidas e a várias outras dinastias armênias e irânicas, e manteve-se na Pérsia até a época moderna: *Shahanshah*

---

*. *Esdras* 7:12. (N. da T.)

foi o título do último xá do Irã, Reza Pahlevi. Os gregos usaram a forma *basiléus basiléon* desde o início do século V: esta aparece na carta de Dario a Gadata (ver adiante*), e Ésquilo conhecia as variantes *déspota despotán* (se esta é a leitura do v. 666 dos *Persas*) e *ánax anákton* (*Suplicantes*, v. 524: fala o coro das Danaides egípcias), "senhor dos senhores". É possível que o sintagma persa *khshāyathiya khshāyathiyānām* retome simplesmente o modelo acádico, babilônico ou urártico: não faltavam, em todo caso, módulos pré-aquemênidas de titulações monárquicas nos reinos conquistados por Ciro e Cambises.

Muito mais importante, porém, do que o problema das origens é o significado desta fórmula. Alguns estudiosos consideram que, na origem o título fosse aplicado, no Oriente Médio, à divindade que reina sobre os reis mortais; outros supõem, ao contrário, que o título refletisse, na origem, a relação de vassalagem entre os régulos locais e o Grande Rei imperial, e que só metaforicamente fosse usado também em relação à divindade. É um destes problemas que cada um é livre de resolver segundo os próprios critérios de probabilidade. Para os que falavam línguas semíticas, o título devia mostrar-se como um genitivo elativo (o Rei grandíssimo e incomparável com outros), no tipo das bem conhecidas locuções bíblicas, como *canticum canticorum*, *sanctum sanctorum*, *vanitas vanitatum* etc.; ao contrário, para quem falava línguas menos habituadas a este gênero de paronomásia e que possuem, por outro lado, o superlativo relativo (por exemplo, o persa e o grego), o título pode ter sido realmente entendido no sentido "jurídico", por assim dizer, de "Rei que (reina) sobre outros reis"[3].

*. Cf. p. 55-56. (N. da T.)
3. Ver J. Gwyn Griffiths, "*Basiléus basiléon* : Remarks on the History of a Title", em Classical Philology 48 (1953), p. 145-154; E. Campanile, "Ant. Pers. *xšāyaθiya xšāyaθiyānām*", em *Studi linguistici in onore di T. Bolelli*, Pisa 1974, p. 110-118; e, especialmente, a coleção exaustiva de testemunhos em G. Schäfer, "*König der Könige*" – "*Lied der Lieder*": *Studien zum Paronomastischen Intensitätsgenitiv*, Heidelberg, 1974.

O império persa é um conglomerado pluriétnico: nasceu da incorporação de reinos inteiros, anteriormente estabilizados e com profundas raízes tradicionais. Assim, prescindindo do problema semântico, é propriamente em volta da tensão constante, ou da relação de força, entre o "Grande Rei" e os "reis" provinciais – reis-vassalos, sátrapas, régulos e tiranos de cidades autônomas, chefes de organismos tribais, máximos sacerdotes e dirigentes de santuários e comunidades templares etc., ou seja, entre o poder central e os poderes deslocados na periferia – que se organiza toda a história, interna e externa, do império persa: a sucessão ao trono, as crises dinásticas, a devolução dos poderes, as tendências centrífugas, o autonomismo, as rebeliões de sátrapas etc. É, em definitivo, o atrito entre centro e periferia que caracteriza a estrutura e a evolução deste conglomerado gigantesco de povos, línguas, religiões e civilizações e que constitui também o seu calcanhar de Aquiles. Na falta de homogeneidade lingüística e cultural, a única força capaz de conter este conglomerado é o poder central: se este abandona a presa, as forças centrífugas desagregadoras tomam imediatamente a dianteira.

As tendências centrípetas do governo central sobressaem em todos os setores da administração. O centro tende a controlar todas as esferas da atividade civil, religiosa e militar, tanto por meio de medidas normativas, editos e ordens, quanto mediante a autorização real para iniciativas ou petições locais.

Um fenômeno muito conspícuo, colocado bem em evidência por Peter Frei, é a participação conjunta, em matéria legislativa, do centro e da periferia[4]; participação que pode equivaler a um alto grau de cooperação mediadora ou de compromisso entre o governo real e as populações súditas. Eis alguns exemplos variados.

Da assim chamada "Crônica demótica" resulta que Dario nomeou uma comissão para a codificação do direi-

---

4. P. Frei e K. Koch, *Reichsidee und Reichsorganisation*....

to egípcio tradicional, em duas línguas (demótico e aramaico)[5]. O Grande Rei teve certamente um papel na codificação, mesmo se a obra foi empreendida por iniciativa do clero egípcio (em reação à política de Cambises) e as leis codificadas eram egípcias: a fonte grega de Diodoro de Sicília inclui Dario até mesmo entre os "legisladores" do Egito (I, 95, 4). Sempre no Egito, os sátrapas persas herdaram, do regime pré-aquemênida, a faculdade de convalidar a nomeação do *lesônis*, o diretor administrativo semi-autônomo dos santuários, e também de substituí-lo, em casos extremos, e de fazer as vezes de árbitro em causas judiciárias. O próprio Dario reconfirma, na Judéia, o edito de Ciro para a restauração do templo de Yahweh em Jerusalém, tomando partido também nas controvérsias locais entre hebreus e samaritanos (*Esdras*, 4-6).

Outras fontes bíblicas refletem situações aparentemente paradoxais: os chefes das comunidades judaicas pedem e obtêm o apoio do Grande Rei – ou seja, do "braço secular" e ainda por cima pagão – para sua política religiosa e ritual. Esdras é autorizado oficialmente por Artaxerxes a introduzir, na Judéia, um novo código religioso, definido sinceramente como "lei do teu deus e lei do rei", com ameaça de penas máximas para os refratários e transgressores (ibidem, 7: 12-26). Os regulamentos rituais da festa de Purim teriam sido impostos às comunidades judaicas na Pérsia por meio de editos "irrevogáveis" do rei, por iniciativa de Ester e Mardoqueu (*Ester* 9: 20-32). Dos papiros aramaicos do Egito vem-se a saber que, em 419-418 a.C., as autoridades de Jerusalém transmitiram aos chefes da colônia militar judaica de Elefantina, na base de um rescrito de Dario II ao sátrapa de Egito, ordens precisas para a observação da Páscoa (21 Cowley), e que, anos depois, os

---

5. W. Spiegelberg, *Die sogenannte demotische Chronik des Pap. 215 der Bibliothèque Nationale zu Paris*, Leipzig, 1914; N. J. Reich, "The Codification of the Egyptian Laws by Darius and the Origin of the Demotic Chronicle", Mizraim 1 (1933), p. 178-185; E. Bresciani, "La morte di Cambise ovvero dell'empietà punita: a proposito della 'Cronaca demotica', verso, col. c, 7-8", Egitto e Vicino Oriente 4 (1981), p. 217-222.

governadores do Egito e da Judéia foram envolvidos nas controvérsias, mesmo violentas, em Elefantina, entre os devotos de Yahweh e os devotos de Khnum (97-103 Grelot). Há testemunhos de uma política análoga de compromisso também na Ásia Menor. No século IV a.c., os sátrapas da Lídia e da Cária-Lícia consideravam-se autorizados a estatuir regulamentos cultuais em suas respectivas províncias, reconhecendo, em alguns casos, a iniciativa dos súditos interessados[6]; e, por volta de 388 a.c., o sátrapa da Jônia ratificava um veredicto de arbitragem jônica a propósito de uma controvérsia de fronteiras entre Mileto e Miunte (*Syll.*³ 134). Estes exemplos ilustram o fenômeno da co-participação legislativa em campo civil, cultual e interestatal no império aquemênida: através do sátrapa, os súditos submetem à atenção do Grande Rei um esboço de lei que, "se ao rei parecer bom", será ratificado e transformado em edito real, "que será inscrito entre as leis da Pérsia e da Média" (*Ester* 1:19; *Daniel* 6:9).

Compromissos típicos nas relações entre centro e periferia manifestam-se também em outros setores. Um bom exemplo são as forças armadas. O comando supremo está nas mãos do Grande Rei, através dos membros da família real, dos grandes nobres persas de corte e dos sátrapas. Alguns corpos selecionados de soldados de infantaria e cavalaria persas, entre os quais os famosos dez mil "imortais", pertencem igualmente à classe dominante e nobre. Mas a massa do exército é pluriétnica: os contingentes étnicos representam todos os povos do império, com as suas vestes e uniformes nacionais, as próprias armas e equipamentos tradicionais, os seus comandantes – reis-vassalos, príncipes, oficiais subalternos. O catálogo em Heródoto do grande exército de Xerxes (VII, 61-98) oferece uma descrição grega pitoresca deste amálgama multiforme de povos, vestes e armas. As mobilizações gerais, como a que é

---

6. Ver, por exemplo, F. Sokolowski, *Lois sacrées de l'Asie Mineure*, Paris, 1955, n. 75; L. Robert, "Une nouvelle inscription grecque de Sardes : Règlement de l'autorité perse relatif à un culte de Zeus", CRAI, 1975, p. 305-330 ; *Fouilles de Xanthos. VI. La stèle trilingue du Létôon*, Paris, 1979.

proclamada por Xerxes em 481 a.C. (segundo Heródoto), ou regionais, mas incluindo várias satrapias, como o exército recrutado em 401 a.C. por Ciro, o Jovem, então *káranos* de todas as forças militares deslocadas na fortaleza de Kastólou Pedíon, na Lídia, são raras. Normalmente, o exército é repartido em destacamentos étnicos de guarnição, aquartelados de forma mais ou menos estável junto às grandes capitais de satrapias, nos centros regionais, fortalezas, fronteiras e pontos estratégicos de toda satrapia. Simplificando, em tempos normais o exército imperial não existe: existem divisões locais. No final do serviço, as guarnições se transformam eventualmente em colônias estáveis de veteranos. Em circunstâncias de crise ou conflito entre centro e periferia, as guarnições provinciais seguem comumente os seus comandantes diretos. O exército não é, portanto, um cadinho em que os povos se fundem para criar uma "nação" homogênea: o que o exército romano conseguiu realizar na Itália, e mais limitadamente também em algumas províncias, o exército aquemênida nunca pretendeu conseguir, nem sequer como uma meta ideal. As forças armadas não podem considerar-se, em geral, como um fundamento do poder central: o império aquemênida nunca foi uma monarquia militar.

O poder central não conseguiu controlar diretamente nem mesmo a famosa rede viária imperial, com a sua artéria principal conhecida pelos gregos como "Estrada Real" (*he hodòs he basiléie*, em Heródoto, V, 53), da qual sabemos algo sobre o trecho Susa–Persépolis graças às tabuinhas de Persépolis, e sobre o trecho Susa–Sardes graças às fontes gregas. Na prática, os movimentos ao longo dos trechos provinciais da rede eram controlados pelos governadores locais, e pode-se dizer o mesmo também quanto às vias fluviais e marítimas costeiras ligando o Mediterrâneo oriental ao centro de Susa[7].

7. Sobre a viagem fluvial-marítima de Diótimo de Atenas, da Cilícia a Susa, no século V, ver Damastes de Sigeu, *FgrHist*, 5 F 8 Jacoby, e a análise de A. Breebart, Mnemosyne 20 (1967), p. 422-431.

A moedagem imperial persa, inaugurada sob Dario e Xerxes com os assim chamados "dáricos", ou estateres de ouro, e os siclos (*sígloi, shkalym*) de prata, pode ser avaliada como um elemento de unificação imperial; porém, a moeda real era destinada principalmente à concessão de dons e à paga de mercenários, chegando somente em parte e indiretamente ao mercado. Para as necessidades quotidianas das populações das cidades, em particular das cidades fenícias e gregas, eram suficientes as moedas de prata e bronze, cunhadas a nível local pelas casas da moeda provinciais, com a efígie do sátrapa ou rei-vassalo governante, ou pelas casas da moeda autônomas das próprias cidades. Entre a moedagem do rei e a moedagem dos sátrapas havia, às vezes, concorrência, verdadeira ou simbólica: Heródoto narra o caso do sátrapa do Egito, Ariandes, que, por ter cunhado moeda de prata pura imitando a moeda real de ouro puro, foi suspeitado de subversão e condenado à morte por Dario sob um pretexto qualquer (IV, 166).

Por muito tempo, os gregos nutriam a convicção de que o controle direto do Grande Rei era total e capilar, que a sua longa mão chegava a todo lugar, que os seus olhos e orelhas viam e escutavam tudo. No século V, circulava na Grécia a crença de que um alto funcionário persa da corte era chamado "Olho do Rei", imaginado como um grande inspetor ou espião, talvez guiando um serviço gigantesco de espionagem interna, com seus numerosos "olhos" e "orelhas" subalternos[8]. Difícil dizer o que é verdadeiro por trás destas crenças e boatos gregos: de fato, em nenhuma fonte persa aparecem termos que, mesmo remotamente, podem evocar a idéia de "olho" e "orelha" do rei neste sentido. Os esforços engenhosos de alguns eminentes iranistas modernos, dedicados à procura ou reconstrução do original persa de alguns vocábulos aramaicos, elamitas e de outras línguas, de significado possivelmente comparável às expres-

---

8. Para uma coleção das fontes gregas sobre o "Olho do Rei", ver Hirsch, *The Friendship of the Barbarians*, p. 131-134.

sões gregas, não levaram, até hoje, a conclusões aceitas por todos. Muito provavelmente, o Olho do Rei é uma criação da fantasia grega que, por motivos ideológicos, imaginava o império persa como uma tirania colossal centralizada ao máximo. Isto obviamente não exclui a realidade de um controle central através dos comandos militares locais, dos enviados e representantes do Grande Rei nas cortes dos sátrapas, dos informantes e delatores provindos das populações súditas, e assim por diante.

O compromisso aquemênida em campo lingüístico é igualmente significativo. Para uma avaliação justa da situação lingüística no império persa, é útil considerar a política predominante nos outros grandes impérios da Antiguidade: a helenização sistemática, por vezes coercitiva, no império selêucida, e a romanização da Itália e das províncias ocidentais. Em comparação, é quase impossível falar de "iranização" lingüística e cultural do império aquemênida, não somente no sentido de política coerciva intencional, nem tampouco no sentido de aculturação espontânea. A língua franca burocrática, diplomática e comercial no império não foi o persa, nem o medo – línguas faladas somente na Pérsia e na Média e nas cortes do rei e dos sátrapas – mas o aramaico, língua semítica largamente enraizada durante séculos como língua falada e escrita na Síria, Mesopotâmia e Palestina, e difundida também em outras regiões, em particular no Egito e na Ásia Menor. Mas nem sequer o "aramaico imperial" (*Reichsaramäisch*), como se costuma distinguir a variante aquemênida desta língua, pretendeu ou conseguiu impor-se como única língua oficial. As numerosas línguas e falas locais estavam muito profundamente enraizadas, havia séculos, se não milênios, para serem substituídas por uma língua franca. O plurilingüismo do império aquemênida é um dado de fato abundantemente documentado por inscrições, papiros, moedas, glosas e por uma quantidade de informações espalhadas na literatura histórica e etno-geográfica grega. Há notícias de dezenas de línguas e *patois* locais em muitas províncias, entre as quais umas duas dúzias somente na Ásia Menor. Cerca de cinqüenta línguas são atestadas com segurança em todo o império; mas não seria absolutamente extravagante supor a existência de centenas de idiomas ou falas regionais ou tribais diferentes. Se acreditarmos em Estrabão, somente os albanos caucásicos, povo súdito na fronteira setentrional do império, usavam vinte e seis línguas (XI, 4, 6), e no grande empório pluriétnico de Dioscuria, na Cólquida, confluíam, segundo um cálculo mínimo, setenta *éthne* e, segundo cálculos mais fantasiosos, trezentos (ibidem, 2, 16). O poder central não somente não ignorou a realidade do plurilingüismo, nem se limitou meramente a tolerá-la, por falta de opção melhor: aprovou-a plena e oficialmente, oferecendo todos os serviços burocráticos e administrativos necessários à divulgação escrita e oral dos editos e proclamações reais, e, portanto, reconhecendo de fato como "oficiais" todas as línguas existentes nas respectivas regiões. As inscrições reais são, no mais das vezes, trilíngües, até mesmo as expostas em Susa, em Persépolis e Naqsh-i Rustam, em Behistun.

Na Pérsia e Média, as três línguas são, em regra, o persa, o elamita e o acádico, todas em escrita cuneiforme; às vezes, no Egito, acrescenta-se também o egípcio hieroglífico. Em outros casos, aparecem o aramaico e uma ou mais línguas locais: o hieróglifo e o demótico no Egito; o lídio, o lício, o grego na Ásia Menor, e assim por diante. Os decretos e textos de propaganda são difundidos nas províncias pelo poder central em traduções oficiais. O próprio Dario afirma, na inscrição de Behistun (DB IV § 70 Kent), que "enviei esta inscrição por toda a parte nas terras" (ou "aos povos" das províncias). O livro de *Ester* ecoa várias vezes essa fórmula, dizendo que os editos do Grande Rei são divulgados "província por província segundo a sua escrita, povo por povo segundo a sua língua" (1:22; 3:12; 8:9). Uma cópia da versão aramaica da inscrição de Behistun chegou-nos em um papiro do século V entre os documentos da colônia militar hebraica de Elefantina, e um fragmento epigráfico da versão acádica foi encontrado em Babilônia. Não há razão para duvidar que uma versão grega desse texto circulasse no século V, nas cidades jônicas da Ásia Menor.

A imensa obra de redação e tradução desses documentos incumbia à importante classe dos escribas do rei e das satrapias. As tabuinhas de Persépolis atestam amplamente as múltiplas atividades destes escribas, formuladores e tradutores de editos, tratados, protocolos, inventários e listas de todo gênero de correspondência oficial, ordens de pagamento etc. Os historiadores gregos dos séculos V e IV estavam ao corrente dessa atividade colossal de escrita plurilíngüe e provavelmente a admiravam. Heródoto sabia da existência de *grammatistái* do Grande Rei, utilizados para registrar os contingentes armados, os navios, os nomes dos comandantes que se distinguiam, num sentido ou no outro, nos combates (VII, 100, 1; VIII, 90, 4). Helanico de Lesbos, um contemporâneo mais velho de Tucídides, atribuía a Atossa, mãe de Xerxes, a invenção da correspondência epistolar real (*FgrHist*, 4 F 178 a-b Jacoby). Xenofonte chama o escriba real de *phoinikistès basíleios* (*Anábase*, I, 2, 20), evocação significativa do papel dos fenícios na história da escrita[*].

Às comunicações plurilíngües orais dedicava-se uma classe não menos importante do que a classe dos escribas: os intérpretes (*hermenéis*), ativos nas cortes do rei e dos sátrapas e no serviço diplomático, militar e comercial de todo nível. Por meio de intérpretes oficiais e de extrema confiança, o rei e os sátrapas tratavam com as delegações dos súditos e com os embaixadores estrangeiros. Criou-se, nas províncias, uma classe profissional numerosa de indivíduos bilíngües, especialmente nas áreas mistas ou de fronteira. No Egito, havia, desde a época faraônica, uma casta

---

[*]. Asheri interpreta aqui o termo *phoinikistés* a partir de *poinikastás*, escriba, encontrado em uma inscrição cretense (L.H. Jeffery – A. Morpurgo-Davies, Kadmos 9, 1970, p. 118-154) e, considerando Heródoto V, 58 (cf. o comentário *ad loc.* de G. Nenci, ed. Valla, com outras referências), que relaciona o termo *phoinikéia* à invenção fenícia da escrita. (N. da T.)

de "intérpretes" (Heródoto, II, 154, 1-2), indivíduos plurilíngües por nascimento ou educação, fruto de uma aculturação encorajada pelo governo nas áreas mistas de egípcios, gregos e cários. Também os governos das cidades-estado gregas usavam os seus intérpretes para tratar com os persas.

Em 425/424 a.C., os atenienses não tiveram dificuldade em traduzir algumas cartas do Grande Rei escritas em "*Assyría grámmata*" (Tucídides, IV, 50, 2), locução que poderia referir-se também à escrita e língua aramaica; mas, no mesmo ano, Aristófanes procurava imitar comicamente alguns sons da língua persa (*Acarnenses*, v. 100), que podiam presumivelmente ser ouvidos na assembléia ateniense quando falava um enviado do Grande Rei ou do sátrapa de Sardes. Em muitos casos, os intérpretes são indivíduos que, além da fala local, aprenderam as duas línguas "internacionais" do tempo, o aramaico e o grego, e, neste sentido, são comumente ditos "bilíngües" (*díglottoi* ou *díphonoi*) nas fontes gregas, ainda que, na realidade, fossem pelo menos trilíngües. O conhecimento das línguas internacionais abria a estes indivíduos uma variedade infinita de carreiras profissionais altamente estimadas e privilegiadas, mesmo se eram, ao mesmo tempo, continuamente vigiados, dados os compreensíveis temores de deslealdade, engano ou traição.

Enquanto que, durante o período aquemênida, muitos idiomas locais floresceram como línguas faladas e também escritas, com a conquista macedônica feneceram e desapareceram em grande parte como línguas escritas, superadas pelo grego, tornado *koiné*, não no sentido relativo de língua franca coexistente com outras, mas no sentido de uma única língua "comum" para todo fim de comunicação normal e literária.

Mas o campo em que se conhece melhor a política pragmática de compromisso entre o poder central e a periferia é o das religiões. É necessário, portanto, examinar um pouco mais detalhadamente este aspecto. Deve-se fazer uma observação preliminar.

Falou-se (e fala-se ainda) freqüentemente da "tolerância" religiosa dos Aquemênidas. O conceito é moderno, e sua aplicação a fenômenos antigos ressente-se necessariamente de anacronismo. Essa "tolerância" aquemênida foi, no passado, exaltada e idealizada além de toda medida. As matrizes desta idealização são várias, mas, em todo caso, não científicas: são, em parte, teológicas, ideológicas e até mesmo políticas e econômicas na acepção mais banal do termo. Há a tradição bíblica encomiástica do "Messias" Ciro; há a comparação, de inspiração judaico-cristã, entre a "tolerância" aquemênida e a "intolerância" helenizante dos Selêucidas na Judéia e, correspondentemente, entre o espírito de colaboração de um Esdras e a resistência macabéia. Há, por outro lado, a tendência iluminista em opor o exclusivismo intransigente do monoteísmo judeu-cristão ao presumido teísmo ou panteísmo aberto das religiões indo-irânicas – o zoroatrismo ou o budismo. Nem podem ser calados os interesses pessoais que ligaram, no passado, alguns iranistas ocidentais ao governo do último xá: é suficiente, para isto, repassar os discursos comemorativos proferidos em 1971, de Shiraz até o Capitólio, por homens políticos (que são desculpáveis) e por eminentes estudiosos. Idealizações tolas, adulatórias e, hoje, mais do que nunca, ridículas: como se o Irã de todos os tempos fosse por destino o berço da tolerância religiosa! Sem cair no extremo oposto (o que, hoje, é igualmente muito fácil), o que diremos aqui a este propósito não deriva de posições preconcebidas, porém da leitura desapaixonada das fontes antigas.

O primeiro documento a respeito é o já mencionado Cilindro de Ciro (ver nota 2 deste capítulo), texto do maior interesse histórico, aclamado por uma certa historiografia moderna como uma "Magna Carta da tolerância religiosa" e coisas do gênero. Este Cilindro, formulado por escribas-sacerdotes babilônicos do templo de Esagila, devotos do culto de Marduk, quer principalmente contrapor a conduta louvável do conquistador persa à conduta, repreensível, do último rei babilônico. Sabe-se que Nabonido tinha sido particularmente devoto de Sin, divindade lunar com centro importante em Haran (na Síria do norte), de quem havia restaurado o templo e a cidade. Para o clero do Esagila, a preferência dada a outros deuses e cultos "indignos", em detrimento de Marduk, é obviamente um ato de impiedade (§§ 4-7)[9]. Ciro, ao contrário, apresentou-se em Babilônia como o eleito de Marduk, seu adorador e seu protegido (§§ 23; 26-27), e declarou que iria recolocar, em suas sedes tradicionais, todas as divindades e os devotos afastados ou negligenciados pelo rei babilônico:

De [...Níni]ve, de Assur, também de Susa, de Akkad, de Eshnunna, de Zamban, de Me-Turnu, de Der até o país de Gutium, às cidades além do Tigre, onde a sede está sempre estabelecida, conduzirei novamente ao seu lugar os deuses que aí habitavam, e fiz extremamente grande a (sua) sede para a eternidade. Recolhi todas as suas gentes e reconduzi-las-ei para sua casa. E os deuses de Sumer e Akkad que Nabonido, por despeito do Senhor dos deuses (= Marduk), tinha levado para Babilônia, eu, por ordem de Marduk, o Grande Senhor, fiz com que fossem instalados com alegria em suas celas, numa morada, para alegria do coração. Que todos os deuses que reconduzi a suas cidades auspiciem todos os dias, diante de Bel e Nabu, a continuidade de meus dias e encontrem para mim palavras de graça! Possam dizer a Marduk meu Senhor: o Rei Ciro, teu adorador, e Cambises, meu filho, possam durante seus dias serem e[ternos?] (§§ 30-36).

A noção chave neste texto não é a idéia (desconhecida) de "tolerância", mas, eventualmente, a idéia de "restauração",

---

9. As obras ímpias de Nabonido e as obras pias de Ciro são enumeradas também no assim chamado "Verse Account" de Nabonido: cf. S. Lackenbacher, "Un pamphlet contre Nabonide, dernier roi de Babylone", DHA 18, 1 (1922), p. 13-28. Sobre Nabonido, ver agora a monografia (com ampla coleção de fontes) de P. A. Beaulieu, *The Reign of Nabonidus, King of Babylon 556-539 B.C.*, New Haven-London, 1989; e A. Kuhrt, "Nabonidus and the Babylonian Priesthood", em *Pagan Priests. Religion and Power in the Ancient World*, ed. M. Beard and J. North, London, 1990, p. 117-155. Para uma recente tradução francesa da "Crônica de Nabonido" ver *Chroniques mésopotamiennes. Présentées et traduites par* J.-J. Glassner, Paris, 1993, p. 201-204. [Cf. também Schaudig, op. cit. acima, nota 2. N. da T.]

ou restabelecimento, em suas sedes tradicionais, de divindades e cultos suprimidos ou segregados: restabelecimento que não exclui, nem pode excluir, a possibilidade de novas supressões e segregações de outras divindades e cultos, instaurados pelo velho regime e malvistos pelo clero de Marduk. O fim político-pragmático desse restabelecimento, efetuado ou programado, é claro para todos: obter o apoio das classes sacerdotais rebaixadas pelo velho regime. O Cilindro exprime o júbilo das classes restauradas. Também a restauração, ou repatriação, das comunidades exiladas junto com seus deuses não pode excluir, mas pressupõe a expulsão ou deportação das comunidades instaladas pelo velho regime ou com o seu beneplácito, para dar lugar aos novos restaurados.

Na Antiguidade, toda repatriação de exilados realiza-se, salvo exceções, mediante a expulsão ou deportação dos ocupantes atuais, e a própria repatriação, especialmente quando acontece após uma ou mais gerações, equivale, na realidade e nos sentimentos, a uma nova deportação de populações então enraizadas, nascidas e crescidas na terra do exílio. Ou seja, não parece que Nabonido e Ciro tenham agido segundo critérios essencialmente diferentes: ambos transplantaram cultos e comunidades em relação aos seus interesses políticos. Foi má sorte de Nabonido e sorte de Ciro que somente a visão dos vencedores permanecesse para a posteridade, como acontece com freqüência, apresentando o rei babilônico como um deportador e o rei persa como um restaurador, e não o contrário.

Fora da Babilônia, a restauração mais conhecida é a do templo de Yahweh em Jerusalém, destruído em 586 a.C. por Nabucodonosor, que transferiu para a Babilônia os seus tesouros, o clero e a aristocracia. O livro de *Esdras* traz o texto aramaico de um edito de Ciro (de autenticidade e cronologia discutidas), datado no primeiro ano de Ciro em Babilônia (539-538 a.C.), com o qual o rei persa dava ordens para reconstruir a "casa de deus" em Jerusalém e restituir a esta os tesouros. O documento foi "reencontrado" aproximadamente vinte anos depois no arquivo real de Ecbátana, e foi efetivado por Dario nos primeiros anos de seu reinado, acrescentando ordens precisas aos governadores do Transeufrates de financiar a reconstrução e o culto com as entradas locais do fisco real. Ciro teria também dado permissão para quem quisesse, dentre os hebreus de Babilônia, emigrar para a Judéia[10]. O Segundo Isaías, profeta contemporâneo e porta-voz das classes restauradas, aclama Ciro "Messias" (*christós*, na tradução dos Setenta), o ungido do Senhor: "assim disse Yahweh ao seu ungido, Ciro" (45:1). Portanto, não um rei pagão, mas o herdeiro legítimo da casa de David e o instrumento da vontade divina: "Ciro, meu pastor" (44:28). Ou seja, poderia-se dizer que Ciro, para cativar as classes dominantes nas províncias, deixou que o aclamassem e o legitimassem com as fórmulas e títulos tradicionais das culturas locais. Por outro lado, não é muito difícil imaginar como os porta-vozes das classes desapossadas, ou deportadas durante o processo de "restauração", o acolheram e intitularam, se se pensa no modo em que se exprimem os textos babilônicos posteriores a 539 a respeito de Nabonido ou os textos bíblicos a propósito de Nabucodonosor. Mas o fato de que não poucos estudiosos modernos tenham sido seduzidos pelos escritos de propaganda babilônicos e bíblicos convida a uma séria reflexão sobre os limites do método crítico dominante.

A identificação do monarca persa com os "eleitos", os "messias", os "protegidos" das divindades estrangeiras, ou também com as próprias divindades ou seus "filhos", é um fenômeno que se repete na história dos reis aquemênidas também no Egito. Cambises foi faraonizado em Sais logo após a conquista do Egito em 525 a.C., segundo fórmulas tradicionais estereotipadas: "O Horus *Sm3-T3.wj* (= nome

---

10. Cf. *Crônicas*, II, 36 : 22-23. Ver E. Bickerman, "The Edict of Cyrus in Ezra 1", em *Studies in Jewish and Christian History*, I, Leiden, 1976, p. 72-108. Sobre os reis aquemênidas nas fontes bíblicas ver P. R. Ackoyd, AH 4 (1990), p. 1-16 (com bibliografia).

de Horus atribuído a Cambises), Rei do Alto e Baixo Egito *Mś.tjw(?)-Rᶜ*, filho de Rā, Cambises, que viva para a eternidade!" (Posener, n. 4, cf. n. 3). Segundo uma versão conhecida por Heródoto, os egípcios "apropriam-se de Cambises", afirmando que nascera de uma filha do faraó Apries (III, 2, 1), o predecessor de Amasis. Esta versão, refutada pelo historiador de Halicarnasso, foi aceita por outros historiadores gregos: história obviamente falsa, inventada com o fim de propaganda pelo clero de Neith em Sais em seguida à conquista persa. Também Dario fez-se faraonizar no Egito conforme as fórmulas habituais, algumas mais concisas, outras em tom e estilo empolados:

Dario [...] nascido de Neith, Senhora de Sais, imagem de Rā, aquele que (Rā) colocou no trono [...] (É Neith quem) pôs em sua mão o arco diante dela para traspassar os inimigos todo dia, como havia feito com seu filho Rā. [...] Rei do Alto e do Baixo Egito, Senhor do Duplo País, Dario, que viva para a eternidade! (Rei) Grande, Rei dos Reis, [...] filho de Histaspes, Aquemênida, o Grande (Posener, n. 8).

Esta fórmula repete, no final, a titulação persa de Dario em tradução egípcia: uma titulação mista egípcio-persa está, ao contrário, presente no seguinte texto, inscrito em uma estátua egípcia de Dario encontrada em Susa em 1972[11]:

O deus perfeito [...] filho de Rā, prole do deus Atum, imagem viva de Rā, aquele que ele colocou no (próprio) trono, [...] elegeu para ser Senhor de tudo o que circunscreve o disco solar, porque sabe que é seu filho [...] Rei dos Reis, o Senhor supremo da terra (na sua totalidade), o filho do pai de um deus, Vishtapa, o Aquemênida.

---

11. Para a inscrição hieroglífica sobre esta estátua, ver J. Yoyotte, CDAFI 4 (1974), p. 181-183; no mesmo volume é recolhida toda a documentação sobre a estátua. Ver também P. Calmeyer, "Ägyptische Stil und reichsachäimenidische Inhalte auf dem Sockel der Dareios Statue aus Susa/Heliopolis", AH 6 (1991), p. 285-303.

A fonte grega de Diodoro de Sicília (provavelmente Hecateu de Abdera, do século III a.C.) sabia da divinização de Dario no Egito, "o único de todos os reis que foi declarado deus ainda vivo, e que após a sua morte teve honras iguais às de quem tinha reinado no Egito com o máximo respeito pelas leis" (I, 95, 5) – afirmação incorreta, como vimos: Dario não foi nem o único, nem o primeiro, nem o último; os mesmos títulos foram atribuídos depois dele a Xerxes e Artaxerxes I. Note-se que essas titulações egípcias são fórmulas de verdadeira deificação, ou seja, pressupõem a doutrina da divindade do soberano, doutrina que, independentemente do que pensavam os gregos, os reis aquemênidas nunca adotaram em suas titulações persas. Mas, como se sabe, Paris vale uma missa. Os reis persas, além do mais, nunca deixavam de oferecer sacrifícios e libações aos santuários de todas as divindades súditas do império, do Esagila de Babilônia ao templo de Yahweh de Jerusalém, do templo de Neith em Sais aos templos gregos de Atena Líndia em Rodes ou de Atena Ilíaca em Tróia. Das tabuinhas de Persépolis, da época de Dario, resulta que os armazéns reais forneciam normalmente vinho, cerveja, trigo, não só para os cultos irânicos de Ahura Mazda e Mitra, mas também para os elamitas de Humban e Shimut e para o acádico de Adad (às vezes, por meio de um sacerdote comum), como se a administração real se considerasse responsável pelo financiamento regular de todos os cultos na Pérsis e Elam. Também resulta destas tabuinhas que alguns personagens bem posicionados, com bons nomes irânicos, como Mardônio e Góbrias, ofereciam sacrifícios e libações às divindades elamitas e acádicas.

Na carta ao funcionário Gadata, já mencionada, Dario repreende de forma ameaçadora o seu "servo" por ter taxado os jardineiros sagrados de Apolo em Magnésia no Meandro, desprezando "a minha disposição em relação aos deuses" e "desconhecendo a disposição de ânimo dos meus antepassados quanto ao deus, que disse toda a verdade aos persas"[12]. Estes comportamentos dos reis e governadores persas em relação aos cultos estrangeiros eram bem conhecidos pelos gregos do século V. Heródoto reputava os persas grandes imitadores de costumes estrangeiros (I, 135) e não encontrava nada de estranho no fato de que Dátis, em 490 a.C., considerasse útil venerar Apolo e Ártemis em Delos, ilha sagrada e neutra no conflito greco-persa (VI, 97), ou no fato de que Xerxes, antes de atravessar com o seu exército o Helesponto, em 480, desse ordem aos magos de oferecer sacrifícios e libações no templo de Atena Ilíaca (VII, 43, 3), ou que durante a campanha na Grécia tivesse poupado e honrado os santuários filo-persas e neutros. O próprio Xerxes, que havia incendiado a acrópole de Atenas com os seus templos políades, teria logo se arrependido e convidado os exilados atenienses em seu séqüito a subir na cidadela para expiar o sacrilégio segundo seus ritos ancestrais (VIII, 54) – como que reafirmando a clara distinção oficial entre a operação punitiva contra os atenienses rebeldes e a devoção do Grande Rei aos deuses venerados também pelos atenienses filo-persas. Em 480-479 a.C., Mardônio mandou consultar, respeitando os usos locais, os oráculos beócios (VIII, 133-135) e, antes da batalha de Platéia, ofereceu sacrifícios aos deuses gregos (IX, 37-38). Não só Heródoto, mas também os historiadores locais de Rodes, do século IV a.C. e seguintes, não achavam nada de estranho no fato de que os comandantes de Dario e, mais tarde, um rei Artaxerxes, tivessem dedicado oferendas preciosas ao templo de Atena Líndia (*FgrHist*, 532 D 1, C 32 e 35 Jacoby). O sátrapa Tissafernes oferecia, em 411 a.C., um sacrifício no santuário de Ártemis em Éfeso (Tucídides, VIII, 109, 1), e um adivinho grego servia na escolta de Ciro, o Jovem (Xenofonte, *Anábase*, V, 6, 16-18). O essencial, nestes e em

---

12. ML 12, ll. 17 ss. Ver, quanto a este texto, o estudo de L. Boffo, Bullettino dell'Istituto di diritto romano "Vittorio Scialoja", N.S. 20 (1978), p. 267-303. Permanece aberto o problema cronológico (anterior ou posterior à revolta jônica).

outros testemunhos gregos, não é a sua confiabilidade histórica (discutível, em alguns casos), mas a imagem que os gregos haviam formado do comportamento persa em relação aos cultos estrangeiros e o fato incontestável de que este comportamento pragmático, descrito pelas fontes gregas contemporâneas, corresponde essencialmente ao que transparece dos documentos orientais. Comportamento que se explica tendo em vista considerações políticas, militares e administrativas caso a caso, e a mentalidade politeísta comum aos povos antigos, que tem como elemento significativo a predisposição inata a procurar o favor e a proteção das divindades tutelares dos países inimigos antes, durante e depois de sua submissão.

Todos esses textos falam a favor da teoria da "tolerância" aquemênida. Mas há um outro lado: é preciso ter em consideração também os testemunhos nos quais aparece a possibilidade de uma política de "intolerância", e até mesmo de perseguição religiosa, não por motivos políticos ou militares de ordem pragmática, mas, aparentemente, por motivos teológicos.

Abre a lista de tais testemunhos o primeiro conquistador persa do Egito. A tradição recolhida por Heródoto no Egito, por volta da metade do século V, recordava Cambises como um rei louco e sacrílego, que tinha assassinado com as próprias mãos Ápis, o boi sagrado de Mênfis e encarnação do deus Ptah (III, 27-29); tinha ultrajado e queimado a múmia de Amasis, ou a que era considerada tal (ibidem, 16); tinha violado as tumbas, destruído os templos e escarnecido das imagens dos deuses egípcios (ibidem, 37), acusando os sacerdotes, em acessos de cólera como este: "cabeças doentes, são estes, pois, os deuses, feitos de sangue e de carne e que sentem o ferro?" (ibidem, 29, 2), palavras que foram entendidas por alguns como uma crítica masdeísta do terioantropomorfismo egípcio, que traz logo à mente tanto as invectivas desdenhosas dos profetas de Israel contra a idolatria, quanto as sátiras dos ateus gregos.

Heródoto é o primeiro responsável por um tal estereótipo de Cambises sacrílego: este influiu sobre todas as fontes gregas sucessivas, apesar de que em Heródoto não faltam, na figura do rei louco e sacrílego, traços de sensibilidade humana, de justiça severa, de inteligência e sabedoria, e também de piedade por um famoso oráculo egípcio (III, 64, 4-5). Mas não é somente Heródoto: um papiro aramaico de Elefantina, datado 407 a.C. (102 Grelot) – fonte absolutamente independente da historiografia grega, mas não das tradições egípcias – evoca o fato memorável de que, quando Cambises esteve no Egito mais de um século antes, "os templos dos deuses do Egito foram todos destruídos, mas ninguém causou dano a este santuário (de Yahweh)". Trata-se, portanto, de uma tradição muito difundida no Egito do século V. Todavia, os documentos epigráficos, iconográficos e papiráceos que remontam à época de Cambises e Dario, entre os quais os sarcófagos e as estelas dos Ápis mumificados, encontrados no hipogeu de Saqqara em Mênfis, desmentem clamorosamente toda a história do assassinato de Ápis e da destruição dos templos. Resulta, ao contrário, que os Ápis da época de Cambises foram mumificados e tumulados segundo os ritos usuais. Um suntuoso sarcófago de granito, destinado à múmia do Ápis tumulado no ano da conquista persa, foi consagrado pelo próprio Cambises, o qual é representado na estela de joelhos no ato de adoração diante do boi sagrado (Posener, n. 3 e 4).

A longa inscrição que cobre o assim chamado "naóforo vaticano", uma dedicatória de Udjahorresnet – inicialmente almirante, profeta de Neith e chefe-escriba sob Amasis e, depois, médico da corte, diretor do palácio e formulador da titulação real sob Cambises – fala com grande respeito do conquistador persa e de sua devoção aos deuses, lembrando, entre outras coisas, que o novo faraó prosternara-se diante da deusa Neith, fizera ofertas e libações, atendera ao pedido de Udjahorresnet de afastar do santuário os "estrangeiros" (provavelmente soldados) que tinham se instalado nele, cuidara da purificação do templo e da restauração do clero, das receitas e das festividades (Posener, n. 1)[13]. O retro da mencionada Crônica demótica (ver acima, nota 5) refere uma série de medidas fiscais estatuídas por Cambises em detrimento das rendas em espécie dos templos egípcios (com três exceções, entre as quais o templo de Neith em Mênfis); mas medidas desse tipo, mesmo se um tanto drásticas, não possuem necessariamente relação com a suposta "impiedade" do monarca, nem equivalem à "destruição" dos templos, senão por modo de dizer, em sentido hostil. As medidas devem ser enquadradas mais no plano das reformas administrativas e financeiras para a organização da nova satrapia e de seu sistema tributário, e lembram a política fiscal de alguns faraós do passado – Quéops, Quefrén, o próprio Amasis – em período de conflito entre os reis e o clero egípcio, extremamente rico e poderoso. Deve ter sido este clero, ferido e ressentido com a política fiscal de Cambises, quem traçou um quadro sombrio dessa política e, eventualmente, promoveu a difamação da figura do rei persa, talvez com o fim de obter o favor de seu sucessor.

Repete-se, no Egito, o que já havia acontecido em Babilônia, na passagem de Nabonido a Ciro. Tende-se hoje, justamente, a avaliar a tradição recolhida por Heródoto, e divulgada também em Elefantina, como fruto de propaganda hostil e difamatória: o que não justifica, porém, a tendência à "reabilitação" plena de Cambises, como se se tratasse de um antigo expoente do anticlericalismo liberal: se, no caso de Nabonido e Ciro, os estudos modernos mostraram-se freqüentemente acríticos, no caso de Cambises e Dario caiu-se, por vezes, no erro oposto.

No caso de Dario, movemo-nos em terreno mais sólido. Lemos as suas palavras na rocha de Behistun: "estes elamitas eram desleais, e Ahura Mazda não era venerado por

---

13. Para uma bibliografia atualizada sobre esta inscrição ver o comentário de D. Asheri (Erodoto, *Le Storie*) a Heródoto III, 16, 1.

eles. Eu venerei Ahura Mazda: por querer de Ahura Mazda, como era de meu agrado, assim fiz a eles" (DB V § 72 Kent). Dario repete a mesma coisa a propósito dos sacas de chapéu de pontas (ibid., § 75). Esta não é propaganda hostil: é a propaganda de Dario em pessoa, com a sua profissão de fé masdeísta exaltada, usada para justificar a punição, ou perseguição, de populações definidas não apenas como "desleais" em sentido político, mas também como infiéis em sentido religioso. Talvez encontremos propaganda hostil a Dario nas fontes gregas usadas por Heródoto, nos casos de profanação de templos ocorridos durante a repressão da revolta jônica e a campanha de 490 a.C.; mas para estes casos não há menção de motivos teológicos. Ao contrário, nos *Persas* de Ésquilo, o espectro de Dario repreende o filho de Xerxes pelos atos sacrílegos que ele perpetrou durante a invasão da Grécia (vv. 809-812); em geral, nas fontes gregas posteriores, Dario foi inocentado e inclusive idealizado quando colocado em relação com seu filho, a tal ponto que até o incêndio dos templos jônicos foi erroneamente atribuído por alguns a Xerxes, e não ao seu pai (por exemplo, Estrabão, XIV, I, 5).

Xerxes não se mostra, em suas inscrições, menos intransigente do que seu pai nos confrontos dos cultos não masdeístas, mas não há razão, como às vezes acontece, para atribuir-lhe um fanatismo excessivo sem precedentes. Numa famosa epígrafe de Persépolis, Xerxes exprime-se nos seguintes termos:

> Em uma destas terras, os *daivā* eram anteriormente venerados. Em seguida, por querer de Ahura Mazda, destruí o santuário dos *daivā*, e fiz uma proclamação: os *daivā* não devem ser venerados! Onde, anteriormente, os *daivā* eram venerados, aí eu venerei Ahura Mazda e Arta com devoção (XPh § 4 b Kent).

Estes *daivā*, termo que, etimologicamente, deve equivaler simplesmente a "deuses", são, para Xerxes, falsos deuses, ídolos, demônios, espíritos malignos etc., cujo culto é considerado pelo rei aquemênida incompatível com o de

Ahura Mazda. Nas *Gāthās*, os assim chamados *daēva* são incluídos entre os sequazes da Mentira e do Princípio do Mal. A pesquisa moderna tentou identificar a "terra" dos *daivā*. Pensou-se na Babilônia, evocando o testemunho de Heródoto, segundo o qual o Grande Rei teria retirado a estátua áurea de "Zeus" (ou seja, Marduk) do "templo baixo" (o Esagila), assassinando, nesta ocasião, o sacerdote que se opunha (I, 183, 3). O episódio (não confirmado por fontes babilônicas) deveria, eventualmente, ser colocado em relação com a repressão de uma das revoltas babilônicas entre 484 e 482 a.C. Mas a história do exílio e repatriação de Marduk não começa com Xerxes. A estátua tinha sido transferida em 689 a.C. na Assíria por Senaquerib, após a destruição do Esagila. O rei assírio eximiu-se de qualquer responsabilidade em suas inscrições, acusando os babilônios de terem provocado a cólera do próprio deus com sua impiedade. O filho de Senaquerib, Esarhaddon, restaurou Babilônia, declarando que Marduk tinha então perdoado o seu povo pelas faltas do passado, e, no início do reino de Assurbanipal, mesmo a estátua foi restaurada[14]. Agindo assim, os reis assírios retiravam dos povos vencidos, ou restituíam a eles, a proteção de seus deuses.

Também Xerxes e o filho Artaxerxes I, que vinte anos depois restaurou o culto de Marduk, podem ter-se eximido da culpa e ter-se justificado em termos análogos, ou seja, em termos de teologia babilônica. Mas Xerxes não fez em Babilônia o que ele afirma ter feito no país dos *daivā*, ou seja, ter destruído seu santuário e ter instaurado em seu lugar o culto de Ahura Mazda. Nem se deve dar mais crédito à hipótese de que a "terra" dos *daivā* fosse a Grécia, onde, como se sabe, numerosos santuários foram incendiados durante a campanha de 480 a.C. Os gregos recordavam a destruição de seus templos, recolhendo piedosamente as relíquias, evitando, em alguns casos, restaurá-los para pre-

---

14. Ver S. Lackernbacher, *Le palais sans rival. Le récit de construction en Assyrie*, Paris, 1990, p. 63 e s., e em DHA 18, 1 (1992), p. 17.

servar o testemunho do sacrilégio, ou, enfim, instrumentalizando a memória coletiva com o fim de propaganda pan-helênica, ou seja, imperialista (que se pense no projeto de restauração lançado por Péricles, segundo Plutarco, *Péricles*, 17). Mas nem em Heródoto, nem em outras fontes contemporâneas, alude-se a motivos teológicos ou à instauração do culto masdeísta na Grécia. O pretexto do incêndio de Sardes, por volta de 498 a.C., com seu famoso santuário de Cibele, por obra dos rebeldes jônicos (Heródoto, V, 102, 1; VI, 101, 3), não é um motivo teológico. Os episódios de destruição dos templos são, regularmente, parte integrante da narração de Heródoto sobre as operações militares, assédios e conquistas na Fócida e na Ática. O episódio do ataque persa a Delfos, em 480 a.C. – considerado hoje como uma invenção do clero apolíneo local, ansioso, após 479, por reabilitar o oráculo, desacreditado pelo seu derrotismo durante o grande conflito – é descrito por Heródoto como uma tentativa fracassada de pilhagem (VIII, 35-39).

Um motivo teológico era atribuído a Xerxes por certas fontes gregas usadas por Cícero, segundo o qual o rei persa, por instigação dos magos, teria dado às chamas os templos gregos, por considerar um sacrilégio fechar os deuses, cuja morada é o mundo inteiro, dentro de quatro paredes (*De Legibus*, II, 26; cf. *De Republica*, III, 14): trata-se certamente de fontes teológicas ou filosóficas eruditas que, partindo dos dados de Heródoto sobre a inexistência de templos na religião persa, interpretavam teologicamente as ações de Xerxes. Definitivamente, parece muito mais justificado procurar o país dos *daivā* em outros lugares: eventualmente, nas mesmas regiões elamitas e citas em que Dario já tinha efetuado ações semelhantes de perseguição contra as populações infiéis.

No que diz respeito ao período final da época aquemênida, parece que os egípcios atribuíam o assassínio de Ápis, e a cessação das ofertas ao santuário de Buto, também ao antepenúltimo rei, Artaxerxes III Ocos, apresentando o segundo conquistador do Egito (343 a.C.) como uma réplica do primeiro, e opondo-lhe o novo "restaurador" Alexandre, venerador de Ápis e faraó legitimado conforme as regras, como tinham feito um século e meio antes, contrapondo Dario a Cambises. Repete-se, pela última vez em período aquemênida, a seqüência típica e tópica de destruição/restauração em campo cultual que ponteia toda a história da política religiosa persa. O próprio Artaxerxes Ocos foi proposto por antigos e modernos como o rei histórico da novela *Judite*, na qual o emblemático "Nabucodonosor" impõe a todos os povos do Transeufrates a veneração pela própria pessoa (3:2; 3:8); mas a hipótese é bastante discutida e discutível, ainda que as relações entre os hebreus e Ocos não fossem certamente idílicas como com Ciro[15]: a idéia da adoração do rei persa é, como sabemos, um dos mais clamorosos mal-entendidos gregos da ideologia monárquica aquemênida.

Para concluir, se o motivo teológico masdeísta, em certos episódios de perseguição religiosa, está incontestavelmente presente nas afirmações epigráficas explícitas de Dario e Xerxes, ele se reflete nas fontes gregas de forma muito ocasional, especialmente a propósito do Egito, seguindo as tradições contrárias aos persas difundidas nesta província a partir do século V. É possível, portanto, que a imposição do masdeísmo fosse, sob Dario e Xerxes, um elemento de unificação cultural desejado pelo Grande Rei em Elam e nas áreas irânicas orientais, mas não certamente nas províncias ocidentais do império.

O problema da "tolerância" nos confrontos dos cultos estrangeiros relaciona-se também a um outro problema, extremamente discutido: a religião dos Aquemênidas, o papel que esta eventualmente desempenhou no desenvolvimento da política imperial e as relações que se estabelece-

---

15. Para o *status quaestionis* ver a edição inglesa, organizada por G. Vermes, F. Millar e M. Goodman, de E. Schürer, *The History of the Jewish People in the Age of Jesus Christ (175 B.C. – A.D. 135)*, III 1, Edinburgh, 1986, p. 214-216 (com bibliografia).

ram entre ela e as outras religiões do império. Para a opinião dominante nos estudos modernos, os Aquemênidas eram zoroastrianos. A este ponto, não podemos nos eximir de tomar uma posição a respeito. Os reis aquemênidas não fazem a mínima menção de Zoroastro em suas inscrições, nem de qualquer outro profeta ou reformador religioso. Assim, surge logo o problema se é lícito, para nós, definir esses reis como sendo "zoroastrianos", apesar deles. Por outro lado, o deus de Zarathushtra Spitama, nas *Gāthās*, é o mesmo invocado por Dario e seus sucessores: Ahura Mazda, o Senhor que Pensa ou o Espírito Sábio. Podemos nos considerar autorizados a definir "masdeístas" os Aquemênidas do ramo de Dario. A religião de Ciro permanece, ao contrário, um problema aberto. Não poucos modernos julgam que ele também era um "zoroastriano", mas, na realidade, nada o confirma nas suas magras e isoladas inscrições e nos achados arqueológicos na Pasárgada arcaica (altares do fogo). Os reis sassânidas, zoroastrianos rigorosos e herdeiros aparentes dos Aquemênidas, lembravam somente os nomes dos reis do ramo de Dario, ao passo que nada sabiam de Ciro[16].

Segundo Dario e Xerxes, está claro para todos que Ahura Mazda é a fonte do direito divino ao trono: "Grande é Ahura Mazda, o maior dos deuses, que criou Rei Dario, que lhe deu o reino. Por vontade de Ahura Mazda, Dario é rei" (DPd § 1 Kent). "Um grande deus é Ahura Mazda, que criou esta terra, que criou aquele céu, que criou o homem, que criou a felicidade para o homem, que fez Dario rei, rei de muitos, senhor de muitos" (DNa § 1 Kent), fórmula retomada também por Xerxes com uma única variante: "que fez Xerxes rei" (XPa § 1 Kent). "Um grande deus é Ahura Mazda, que criou a perfeição nesta terra, que criou o homem nesta terra, que criou a felicidade para o homem, que criou bons cavalos e bons carros" (DSs Kent). Na inscrição de Behistun, a mais antiga de Dario, Ahura Mazda é men-

---

16. Ver M. Boyce, "The Religion of Cyrus the Great", AH 3 (1988), p. 15-31.

cionado pelo menos uma vez em cada um dos seus 76 parágrafos: Ahura Mazda levou socorro a Dario, fê-lo rei, fê-lo derrotar, em um ano, todos os exércitos rebeldes, e tudo o que ocorreu se deve unicamente à vontade de Ahura Mazda. Em outra inscrição, Dario declara Ahura Mazda seu "amigo" (*daushtā*, DSj § 2 Kent). E, em outra ainda, chega a afirmar: "Meu é Ahura Mazda, de Ahura Mazda eu (sou)" (*manā Auramazdā, Auramazdāha adam*, DSk § 2 Kent). Para os que adoram Ahura Mazda, Dario tem palavras de bom augúrio e boa sorte: "Quem venera Ahura Mazda enquanto possui força para isso, a graça esteja com ele, vivo ou morto" (DB V § 73 Kent), e impõe aos seus súditos a adoração do deus: "Oh, homem! Que não seja desagradável para ti a ordem que é de Ahura Mazda: não deixe o caminho justo! Não te rebeles!" (DNa § 6 Kent). E Xerxes: "Tenha respeito pela lei (dada) que Ahura Mazda estabeleceu, adora Ahura Mazda e Arta com devoção! O homem que tem respeito pela lei que Ahura Mazda estabeleceu e adora Ahura Mazda e Arta com devoção, torna-se feliz quando vivo e torna-se beato quando morto" (XPh § 4d Kent). Vimos acima o que podem esperar os que *não* adoram Ahura Mazda. Ahura Mazda representa, portanto, na visão de Dario e Xerxes, a ordem cósmica, política e social estabilizada, o *establishment* imperial aquemênida; por conseguinte, a rebelião contra esta ordem equivale a uma rebelião contra Ahura Mazda e a uma subversão de toda a ordem cósmica. Ou seja, Dario e Xerxes apresentam-se a seu público como masdeístas integristas, pregam o masdeísmo e perseguem os infiéis em certas províncias de seu império.

Sim, há dois espíritos fundamentais, dois gêmeos: sabe-se que estão em luta. No pensamento e na palavra, na ação, são dois: o Bem e o Mal. E entre estes dois, os benéficos fazem a escolha justa, não os maléficos. Assim, quando estes dois espíritos se encontraram pela primeira vez, criaram a vida e a morte e, como no final, que a pior existência seja a do mentiroso, e o Bom Pensamento, da pessoa veraz. Os deuses não escolheram de forma totalmente justa entre estes dois, já que o Mentiroso chegou até eles enquanto deliberavam

[...]. Mas ele (= Mazda Ahura) veio a este mundo com o governo do Bom Pensamento e da Verdade (*Yasna*, 30, §§ 3-7) [...]. [...] Eu, Zaratustra, se fosse capaz, seria o verdadeiro inimigo do Mentiroso e forte defensor do Veraz [...] (*Yasna* 43, § 8)[17].

Assim falou Zaratustra. E assim falou Dario da rocha de Behistun: "Portanto, a Mentira (*drauga*) tornou-se grande nas terras, tanto na Pérsia quanto na Média e em outras terras" (DB I § 10 Kent). "Tu, que mais tarde serás rei, abstém-te rigorosamente da Mentira! O homem que for mentiroso, pune-o como se deve!" (ibidem, IV, § 55; cf. § 64). "Ahura Mazda trouxe-me socorro, e os outros deuses que existem, porque eu não era um mentiroso, não era um malfeitor, nem eu nem minha família" (ibidem, § 63). Claramente, as rebeliões de 522-521 a.C., a começar pela usurpação do mago Gaumata, são, no modo de ver de Dario, uma gigantesca conspiração tramada por Drauga, a Mentira, o Princípio do Mal. Dario e seu deus personificam a Verdade, seus antagonistas personificam a Mentira: fórmula típica de toda ideologia totalitária. Zaratustra perguntava: "quem é o Veraz e quem o Mentiroso? É este o mau ou aquele é o mau?" (*Yasna*, 44, § 12); Dario sabe a resposta: na inscrição em sua tumba, da qual falaremos no próximo capítulo*, ele declara saber distinguir logo o "inimigo" (ou "rebelde") do "não-inimigo" (ou "não-rebelde"). São estes, nas *Gāthās* e nas inscrições aquemênidas, os primeiros testemunhos do incipiente dualismo masdeísta, conhecido pelos gregos somente a partir do século IV a.C. (Eudoxo de Cnido, Hermipo, Aristóteles), junto com os nomes das duas respectivas divindades chamadas a representar os princípios do Bem e do Mal, Ormuzd (ou Oromazdes) e Areimânios – Ahura Mazda e Angro Mainyush; mas o ideal da Verdade na *paidéia* persa já era conhecido por Heródoto (I, 136, 2).

17. Cf. a tradução italiana de A. Pagliaro, em A. Pagliaro – A. Bausani, *Storia della letteratura persiana*, Milano, 1960, p. 57-58. Para as *Gāthās*, ver a edição com tradução inglesa e comentário de S. Insler, *The Gāthās of Zarathustra*, AI III 1 (1975).

*. Cf. p. 75-77. (N. da T.)

Mas, com todo o seu dualismo fanático, totalitário, "maniqueísta" *ante litteram*, e contrariamente ao que freqüentemente se afirma, o masdeísmo nunca foi, nem mesmo na sua forma mais intransigente, uma religião monoteísta. O próprio dualismo exclui pelo menos o monoteísmo. Mas há mais. Nas *Gāthās*, Mazda Ahura é amiúde invocado junto com Asha, a Verdade, e Vohu Manah, o Bom Pensamento, conceitos abstratos semipersonificados. Recorrem também fórmulas como "Ahura Mazda e vós, outros Senhores" e "Mazda Ahura, o Senhor mais poderoso" (ou seja, mais poderoso do que outros "senhores"). Nas inscrições aquemênidas, Ahura Mazda é "o maior dos deuses" (*mathishta bagānām*), porém não o único.

Não apenas Ahura Mazda ofereceu socorro a Dario, mas também "os outros deuses que existem" (DB IV §§ 62-63 Kent) ou "junto com os deuses da casa" (DPd, ll. 13 ss. Kent), que seriam provavelmente os deuses da família real, conhecidos pelos gregos em geral como *basíleioi theói*; e na carta a Gadata, Dario fala dos deuses no plural (ML 12, ll. 17 ss.). É verdade que Dario, em suas inscrições, não menciona o nome de outras divindades além de Ahura Mazda; mas Xerxes, por sua vez, declara ter venerado "Ahura Mazda e Arta com devoção" e ordena a adoração destas duas divindades. Arta é a personificação, de fato não necessariamente antropomórfica, da Verdade (ou também da Justiça), que na religião de Xerxes, como já Asha nas *Gāthās*, torna-se um paredro, um arcanjo espiritual e simbólico de Ahura Mazda; e Xerxes acrescentou Arta ao próprio nome quando deu nome ao filho.

A partir de Artaxerxes II Mnêmon (405 – 358 a.C.) aparece nas inscrições reais a tríade Ahura Mazda – Anahita – Mitra, ou somente a díade masculina Ahura Mazda – Mitra (também só Mitra, em A^2Hb Kent, mas o texto está mutilado). Concomitantemente, o antropomorfismo difunde-se na religião persa oficial. Sem entrar aqui no problema discutido sobre o significado do disco ou busto alado na iconografia aquemênida, ou seja, se se deve considerá-lo um símbolo semi-antropomórfico da divindade (como o fora na iconografia assíria continuada pelos Aquemênidas) ou se se deve julgar que tivesse assumido um significado diferente[18], é certo que, sob um Artaxerxes (provavelmente o segundo), Ahura Mazda tinha uma estátua em Sardes[19]; e o historiador babilônico Beroso (III século a.C.), "caldeu" e sacerdote de Marduk, atribuía a um Artaxerxes (outra vez, provavelmente, o segundo) a difusão de estátuas antropomórficas de "Afrodite-Anahita" destinadas ao culto, em Babilônia, em Susa, em Ecbátana, entre os persas e báctrios, em Damasco, em Sardes, e acrescentava que este rei "induziu" a venerá-las (FgrHist, 680 F 11 Jacoby).

Mas já Heródoto conhecia o culto de Mitra, que ele aparentemente confundia com o de Anahita (I, 131, 3), e atesta claramente a consciência dos gregos de sua geração – que é a de Artaxerxes I Longímano (465 – 425 a.C) – de uma orientação mais recente da religião persa, em sentido antropomórfico, diante da forma astral ou animista primitiva. Anahita e Mitra preexistiam por certo à reforma masdeísta e à época dos primeiros aquemênidas; e ainda que marginalizadas (mas nunca abolidas, nem tampouco equiparadas aos *daivā*), estas divindades sobreviveram e obtiveram novo sucesso após Xerxes. Algumas fontes antigas atribuem, além do mais, ao próprio Ciro a consagração de um santuário de "Diana Pérsica" no território dos hierocesarienses na Lídia, evento memorável de história local ainda conhecido no tempo do imperador Tibério (Tácito, *Anais*, III, 62, 3), e situam, na época das guerras persas contra os sacas (período de Ciro ou de Dario), a fundação da cidade templar de Zela, a sudeste de Amaséia (a pátria de Estrabão), com um santuário de Anahita e paredros Omanos e Anadates ("demônios persas") e as festas *Sákaia* em honra da vitória contra os sacas, que se celebravam ainda

---

18. Ultimamente B. Kaim, "Das geflügelte Symbol in der achämenidische Glyptik", AMI 24 (1991), p. 31-34.
19. Ver o estudo de L. Robert citado acima, na nota 6.

na época de Augusto (Estrabão, XI, 8, 4). E no tempo do geógrafo Pausânias (século II d.C.) existiam, em Hierocesaréia e Hypaipa, na Lídia, algumas comunidades dos chamados "lídio-persas", que celebravam ritos particulares, com magos mitrados, os quais cantavam lendo um livro sagrado "em língua bárbara totalmente incompreensível para os gregos" (V, 27, 5-6).

O culto de uma deusa guerreira em Pasárgada, que Plutarco identifica tanto com Hera quanto com Ártemis, aproximando-a, porém, também de Atena, foi um elemento ritual de antiga tradição na investidura dos reis aquemênidas, conexo evidentemente com os primórdios da dinastia[20]. Se acreditarmos nas notícias recolhidas por Isidoro Cárax, da época de Augusto, Dario (o Grande?) teria fundado um santuário de "Ártemis" junto ao Eufrates (*FgrHist*, 781 F 2 (1) Jacoby), numa zona onde apascentavam as vacas sagradas à deusa (Plutarco, *Luculo*, 24, 4).

Destes e vários outros testemunhos que aqui omitimos, fica suficientemente claro que, nos dois séculos de história da religião aquemênida, o masdeísmo "intransigente" (*cum grano salis*) de Dario e Xerxes foi um parêntese limitado a estes dois reis e, eventualmente, apenas às áreas irânicas, e que o politeísmo original sobreviveu, renasceu e, enfim, obteve de novo o predomínio sob novas formas antropomórficas, desenvolvidas por aculturação sincretista, fruto da abertura e dos contatos intensos entre as civilizações irânicas e (especialmente) mesopotâmica. A dimensão político-imperial desses sincretismos religiosos reflete a tendência da monarquia aquemênida em estender a base cultural do núcleo central dominante, para associar a si a área semítica e microasiática. Obviamente, a visão maniqueísta do conflito eterno entre os dois "espíritos fundamentais", da criação da vida e da morte na origem do mundo até a vitória final de Ahura Mazda no final dos tem-

---

20. Plutarco, *Artaxerxes*, 3, 1-2, com o comentário de D. P. Orsi, Milano, 1987.

pos, não deixa espaço a espíritos medianos verdadeiros, neutros ou de compromisso. Mas graças ao politeísmo latente ou oficial da religião aquemênida, o dualismo militante abrandou-se, se não na doutrina masdeísta, ao menos na prática político-cultual e administrativa do império pluriétnico. As considerações pragmáticas, a razão de estado, a procura contínua do favor e da colaboração dos povos do império, as variantes fideístas de cada rei e governador, acabaram por atenuar a rígida doutrina masdeísta, transformando-a em uma forma sincretista de politeísmo antropomórfico ordinário. Qualquer que tenha sido a confissão integrista e exclusivista dos rudes habitantes das montanhas do Zagros, as realidades da monarquia universal "mediterranearam-na".

Se Dario e Xerxes tentaram impor pela força o culto masdeísta em algumas áreas elamitas e citas, nada do gênero é atestado em outras áreas; e os atos sacrílegos cometidos pelos reis e governadores no Egito, na Mesopotâmia, na Grécia devem ser avaliados substancialmente como um ingrediente inevitável das operações militares. Em tempos normais, e na prática administrativa quotidiana, todos os deuses e cultos eram admitidos, subvencionados e, por vezes, professados pelos próprios reis e sátrapas. Houve, em certas áreas, iranização como processo espontâneo de aculturação, por exemplo na Ásia Menor, mas não parece que fosse premeditada pelo poder central ou pelos sátrapas.

Os limites da iranização em campo cultual são bem ilustrados na inscrição de Sardes já mencionada (ver, neste capítulo, nota 19). Em 359 a.C., o sátrapa da Lídia consagrara, na sua capital, uma estátua de "Zeus Baradates", forma helenizada evidente de "*Ahura Mazda bar-dāta*", ou seja, "portador da lei", dando ordem aos adeptos do culto a não participar de alguns mistérios de Sabázios e de Angdistis e Mã, cultos orgíacos da Ásia Menor bem conhecidos. Ahura Mazda não substitui os cultos preexistentes na província, nem quer pô-los de lado para se impor aos "*daivā*" como o maior dos deuses: quer somente preservar-se, incontaminado, da interferência dos cultos estrangeiros por meio de medidas preventivas, que eram supérfluas no tempo de Dario, quando o tesouro de Persépolis alimentava os cultos de várias divindades não-persas e os de Ahura Mazda, usando às vezes um sacerdote comum (*PFT*, p. 337-339).

O masdeísmo militante e integrista transformou-se, no curso de um século e meio, em um separatismo lábil e seletivo, não para se impor, mas para se preservar, cedendo às exigências e condições de simbiose pluricultual nas províncias. Portanto, é em termos de integrismo fracassado que deve ser colocado o problema da religião aquemênida e da assim chamada "tolerância" aquemênida em campo cultual.

Em todas as esferas da administração pública – legislação, forças armadas, comunicações, moedagem, línguas e cultos – o poder central, como tentamos ilustrar neste capítulo, foi obrigado a procurar compromissos com as culturas periféricas. Criou-se, em tal modo, um novo modelo de "monarquia universal", anteriormente desconhecido no Oriente Médio antigo. Como justamente sublinhou Pierre Briant (ver *Pouvoir central*...), a tese "centralista" e a tese "autonomista" são, ambas, em sua forma extrema, superficiais e insatisfatórias sob todos os pontos de vista. Numa certa medida, essas duas teses refletem o uso unilateral de fontes escritas ou arqueológicas. As fontes escritas, principalmente as inscrições reais aquemênidas e as fontes historiográficas gregas, criam a impressão de um estado centralizado. Eis como era descrito, com base nestas fontes, por um dos maiores iranistas do nosso século, W. B. Henning:

> O império persa, sob muitos aspectos, não era extremamente diferente de um estado moderno. Tinha uma administração centralizada, à qual os governadores regionais deviam enviar relações escritas; um sistema complicado de taxas e um quadro cadastral; a inspeção regular das províncias por altos funcionários para garantir que a política formulada pelo governo central fosse aplicada; um sistema comum de escrita, uma língua comum de administração;

uma rede de estradas mestres admirável; um sistema judiciário altamente desenvolvido; funcionários de polícia e espionagem; um serviço postal; um telégrafo primitivo[21].

Por outro lado, a arqueologia: bastante avara de testemunhos sobre a presença administrativa e cultural persa nas províncias periféricas – da Bactriana à Babilônia, à Palestina, ao Egito – a pesquisa arqueológica deu suporte à visão de um gigantesco conglomerado de culturas locais vetustas, generosamente "toleradas" pelo governo central e pouco ligadas, técnica e superficialmente, pela rede viária e pelas fortalezas militares, que por sua natureza não podem deixar traços permanentes de penetração cultural. Eis como se exprime, a propósito, o arqueólogo P. R. S. Moorey:

A influência persa era geograficamente restrita e socialmente superficial em todas as áreas, com exceção das poucas em que, em um período ou outro, teve poder. No campo governamental e administrativo, os persas adotaram e modificaram o que tinham obtido com a conquista ou anexação, em lugar de mudar radicalmente. As hierarquias administrativas existentes foram aperfeiçoadas e reforçadas com funcionários imperiais e oficiais militares, não transformadas em estruturas padronizadas. No campo religioso, a administração persa foi usualmente tolerante e condescendente, favorável aos costumes e práticas tradicionais, sem tentar, em nenhum caso, impor seus cultos com editos [...]. Como governadores, parece que viveram principalmente em enclaves ou em fortalezas militares muito espalhadas, mas ligadas por um sistema de comunicações muito eficiente e pela administração fortemente centralizada que esse sistema servia e sustentava[22].

Um poder central obviamente existia e foi tratado neste capítulo. A sua presença era notada não somente através dos editos, mas também com os estabelecimentos estáveis, palácios, paraísos, cultos. Mas em todo lugar encontrava a

21. *Zoroaster*, Oxford, 1951, p. 21.
22. *Cemeteries of the First Millennium B.C. at Deve Hüyük* (BAR International Series, 87), Oxford, 1980, p. 128; cf., para a Mesopotâmia, E. Haering, AH 1 (1987), p. 139-145.

presença e a resistência das forças autonomistas de periferia. É, talvez, este paralelogramo de forças que constitui a contribuição mais significativa do estado aquemênida à teoria e à história do conceito de "império". Equilíbrio certamente instável, e não escolhido conscientemente pela casa reinante, por livre arbítrio ideológico ou moral; ao contrário, a ideologia monárquica foi centralista e totalitária. Ou melhor, pode ser considerada o produto efetivo da intensidade das forças que se contrabalançavam no interior do império durante dois séculos de história.

2. O IDEAL MONÁRQUICO DE DARIO

1. Um grande deus é Ahura Mazda, que criou este (mundo) excelente que se vê, que deu felicidade ao homem, que concedeu sabedoria e atividade ao Rei Dario.

2. Fala o Rei Dario: por querer de Ahura Mazda eu sou de tal feita que do justo sou amigo, do mau não sou amigo. Não é meu desejo que o poderoso cause dano ao fraco. Nem este é meu desejo, que o fraco cause dano ao poderoso.

3. O que é justo: este é o meu desejo. Não sou amigo do homem mentiroso. Não sou impulsivo. As cóleras que se desenvolvem em mim, freio-as firmemente com a faculdade mental que possuo. Domino (-me) firmemente.

4. O homem que colabora, segundo a colaboração eu o recompenso. Quem causa dano, segundo o dano eu o puno. Não é meu desejo que um homem cause dano. Nem é meu desejo que alguém que cause dano não seja punido.

5. O que um homem diz contra um (outro) homem não me convence, até que eu ouça o testemunho (jurado) dos dois[1].

6. O que um homem faz ou realiza segundo as suas forças satisfaz-me; grande é o meu prazer, e satisfaz-me[2].

7. De tal feita é o meu entendimento e comando. Se vires ou sentires o que foi feito por mim, em casa ou no campo, tal é a minha atividade, de acordo com esta faculdade mental e este entendimento. Esta é, de novo, a minha atividade. Enquanto o meu corpo for forte, sou, como guerreiro, um bom guerreiro. Vejo quem é rebelde e vejo quem não (o é), tão logo ele é visto, com entendimento, no lugar da batalha. Com entendimento e comando, então eu penso antes nas medidas a serem tomadas[3], quando vejo um rebelde como quando vejo quem não (o é).

8. Sou adestrado, as mãos e os pés. Como cavaleiro, sou um bom cavaleiro. Como arqueiro, sou um bom arqueiro, tanto como infante, quanto como cavaleiro. Como lanceiro, sou um bom lanceiro, tanto como infante, quanto como cavaleiro.

9. Estas capacidades que Ahura Mazda me concedeu, eu fui forte para fazê-las vigorar. Por querer de Ahura Mazda, o que foi feito por mim eu o fiz com estas capacidades que Ahura Mazda me concedeu.

---

1. Ver a tradução de G. Gharib, "A Newly Found Old Persian Inscription", IA 8 (1968), p. 54-69, com base em uma recente inscrição de Xerxes (sobre a qual ver adiante [p. 81, N. da T.]); Kent [DNb § 8d, N. da T.] entendia: "until he satisfies the Ordinance of the Good Regulations". A edição da inscrição de Naqsh-i Rustan nas três línguas, com tradução alemã, é de W. Hinz e R. Borger, em W. Hinz, *Altiranische Funde und Forschungen. Mit Beiträgen von R. Borger und G. Gropp*, Berlin, 1969, p. 53-62.

2. A versão acádica acrescenta a este ponto as palavras: "e eu compenso o homem leal abundantemente".

3. "Medidas a serem tomadas" traduz aproximadamente o termo *afuvāyā*, que se lê na nossa epígrafe e na fórmula análoga na inscrição de Xerxes (cf. nota 7). Kent lia *aruvāyā*, "ação" (cf. JNES 4, 1945, p. 52). Para a lição *aruvāthā* (amor, caridade), ver E. Hertzfeld, *Altpersische Inschriften*, Berlin, 1938, p. 244, com a inteligente crítica de V. V. Struve, em VdI 1948, 3, p. 12-35 (ver abaixo nota 11).

10. Oh, súdito![4] Tenha claro, com força, o quão grande eu sou, quão grande é a minha habilidade, quão grande é a minha superioridade. Que não pareça falso a ti o que escutastes com as orelhas, o que ouves, o que te é comunicado.
11. Oh, súdito! Não consideres [falso] o que foi [feito por mim]. O que vês [foi inscrito]. A lei [...] tornem não treinados. Oh, súdito! O rei pune (?) [...][5].

Este texto é a tradução portuguesa* da versão persa de uma epígrafe plurilíngüe, inscrita no centro da trave na entrada da tumba de Dario, escavada na rocha em Naqsh-i Rustam, perto de Persépolis. O texto original é do próprio Dario, anterior, portanto, a sua morte, em 486 a.C. Segundo a prática habitual da corte, o Grande Rei ditava o seu texto em persa, e os escribas plurilíngües transcreviam-no diretamente em tabuinhas de argila ou em rótulos de papiro ou pergaminho nas línguas exigidas para a difusão. No nosso caso, temos as três línguas habituais das inscrições expostas na Pérsia, Média e Elam: persa, elamita e acádico. Sob o texto elamita, é visível também uma inscrição em caracteres aramaicos em péssima condição. Alguns fragmentos de uma cópia do texto persa foram encontrados na própria Persépolis.

O texto da inscrição era conhecido, pelo menos parcialmente, pelos gregos da época de Alexandre da Macedônia. O historiador Onesícrito de Astipaléia, que acompanhou Alexandre em sua campanha no Oriente, cita uma inscrição da tumba de Dario, na qual se dizia: "fui amigo

---

4. *Marīka* é "súdito", também "rapaz", "pajem" e semelhantes; ver A. C. Cassio, "Old Persian *Marīka*, Eupolis' *Marikas* and Aristophanes' *Knights*", Classical Quarterly 35 (1985), p. 38-42.

5. Os dois últimos parágrafos, bastante mutilados (= ll. 50-60 Kent), prestam-se também a diferentes integrações e traduções; ver N. Sims-Williams, BSOAS 44 (1981), p. 1-7, que utiliza algumas linhas da versão aramaica de DB V Kent para uma releitura do texto mutilado.

*. "Italiana", no original. A tradução portuguesa segue, em geral, a tradução italiana de Asheri, conferindo-a com a de Kent. (N. da T.)

dos amigos. Fui um ótimo cavaleiro e arqueiro. Dominei na caça. Fui capaz de fazer tudo" (*FgrHist*, 134 F 35 Jacoby). Também Ateneu de Náucrates (século II d.C.) menciona uma inscrição no túmulo de Dario, mas cita uma sua frase que não tem correspondência na epígrafe plurilíngüe e que há a aparência de uma paródia de reminiscências sardanapalescas: "fui em grau de beber muito vinho e tolerá-lo bem" (X, 434 D); mas como Ateneu cita, um pouco antes, um outro historiador de Alexandre, Aristóbulo de Cassândrea, é possível que o texto que deu motivo à paródia estivesse presente nos escritos deste historiador. A citação de Onesícrito demonstra, em todo caso, que o sentido geral e o tom de auto-elogio da inscrição haviam chegado aos historiadores de Alexandre, supostamente através de guias bilíngües locais ou traduções escritas. A citação não é fiel ao texto, obviamente (ver os parágrafos 4 e 7), mas resume relativamente bem algumas idéias autênticas, que impressionavam mais o público grego. Um outro indício do conhecimento grego do tema do "entendimento" (ver especialmente o parágrafo 7) encontra-se, talvez, em um trecho de Plutarco, em que se diz que "Dario, pai de Xerxes, elogiando a si mesmo, disse que se tornava mais sagaz (*phronimóteros*) nas batalhas e nas situações perigosas" (*Moralia*, 172 F; cf. 792 C).

A inscrição original é, portanto, auto-encomiástica, mas muito mais rica de idéias do que obteríamos partindo somente das referências gregas. O texto abre-se (§ 1) com uma fórmula de profissão de fé masdeísta, já mencionada no capítulo anterior. Fórmula convencional e abreviada, que recorre por extenso em outras inscrições de conteúdo e mensagem diferentes[6]; mas no nosso texto tem um papel particular, dado que Ahura Mazda é o deus que concedeu a Dario os dotes requeridos para a carreira do monarca perfeito: a sabedoria, a faculdade mental, o entendimento, o

---

6. Ver Cl. Herrenschmidt, "Les créations d'Ahuramazda", SI V 2 (1976), p. 17-58.

autocontrole das paixões, a capacidade de distinguir, em um relance, os "rebeldes" dos "não-rebeldes", as atividades práticas, em geral, e bélicas, em particular – o comando, a excelência do guerreiro, do infante, do cavaleiro, do arqueiro, do lanceiro. Dotes não inatos, mas concedidos por Ahura Mazda ao seu eleito e protegido.

É bem evidente o desejo do Grande Rei em se apresentar segundo o modelo de seu deus preferido, o Espírito Sábio, ou o Senhor Pensante, modelo em que as faculdades do intelecto – o raciocínio, o discernimento – predominam decididamente sobre as forças brutas e irracionais – os impulsos, as cóleras. Graças a essas faculdades, ou lineamentos de caráter adquirido, Dario pode apresentar-se diante de seus súditos como um monarca razoável, equilibrado, equânime, e, portanto, responsável, digno de fé, confiável. Mercê destes dotes, o Grande Rei é capaz de formular uma série de normas ou princípios morais, apresentados como postulados de um programa de governo político perfeito. Dario declara-se, antes de mais nada, um amigo do "justo", do "colaborador", do "não-rebelde", por conseguinte, inimigo do "mal", do homem "mentiroso". A teologia dualista masdeísta mostra-se em sua expressão mais simples e, ao mesmo tempo, esquemática, concisa, brutal, nesse testamento espiritual do grande monarca aquemênida.

Em segundo lugar, Dario formula um princípio de justiça "social", diríamos hoje, de grandíssimo interesse: "não é meu desejo que o poderoso cause dano ao fraco. Nem este é o meu desejo, que o fraco cause dano ao poderoso" (§ 2). A idéia não é nova nas inscrições de Dario: aparece, indiretamente, já na inscrição de Behistun, onde o grande Rei declara não ter feito mal nem ao fraco, nem ao forte (DB IV, l. 63 Kent), e em uma inscrição de Susa: "A minha lei (*dāta*), que temem, (é): que o poderoso não fira nem destrua o fraco" (DSe, ll. 37-41 Kent). Ou seja, Dario recusa a identificar-se tanto com os "poderosos" quanto com os "fracos": considera-se acima dos interesses de classe ou de facção e, envolvido numa luta em dois frontes, em defesa de cada parte dos abusos da outra. Mas a meta ideal dessa luta contínua não é a obtenção da concórdia ou unidade, social ou "nacional", mas a justiça como máximo valor moral da teologia masdeísta. Os termos "poderoso" (*tunuvā*) e "fraco" (*skauthish*) do texto persa são, certamente, um tanto vagos, e prestam-se, portanto, às mais variadas interpretações; mas a interpretação em sentido socioeconômico é amparada pela versão acádica de nosso trecho, em que os termos correspondentes são *mār-banī* (nobre, livre proprietário de terras) e *muskēnu* ("pobre"), e pela versão elamita do trecho da inscrição de Behistun citado acima, que precisa: "Não fiz mal nem ao rico nem ao pobre". Ou seja, a monarquia ideal é concebida por Dario como uma instituição essencialmente mediadora, intercessora e de compromisso, que se coloca entre as classes sociais e facções, ou seja, simplificando, entre a aristocracia e o clero, por um lado, e a massa do povo, por outro. Ideal monárquico de cunho oriental que, por meio da civilização persa, obteve sucesso também nas doutrinas monárquicas greco-romanas e no pensamento político do Ocidente.

Em relação à função mediadora do bom monarca é possível facilmente compreender as duas "cláusulas" especificadas por Dario nos parágrafos 5 e 6: "O que um homem diz contra um (outro) homem não me convence, até que eu ouça o testemunho (jurado) dos dois", em referência ao fenômeno das acusações, delações, calúnias etc., e: "o que um homem faz ou realiza segundo suas forças, satisfaz-me; grande é o meu prazer, e satisfaz-me", esclarecimento que reitera a disposição de quem avalia a contribuição de toda atividade humana relativamente às condições e possibilidades econômicas ou de outro tipo. Note-se, enfim, que no final do texto legível da inscrição, Dario exige, como elemento constitutivo de sua autolegitimação, o pleno reconhecimento, por parte de seus súditos, dos dotes e obras excepcionais que ele possui, ao lado do elemento religioso (o querer de Ahura Mazda) e do elemento moral (os princípios da justiça). Falta, no nosso texto, o elemento jurídico de auto-legitimação, ou seja, o direito dinástico ao trono e a obra de restauração legitimista, elemento de importância capital em outras inscrições de Dario, especialmente na inscrição de Behistun.

Não é fácil julgar o grau de originalidade das idéias expressas nesse texto. Em 1967 foi encontrada, perto de Persépolis, uma inscrição de Xerxes, substancialmente idêntica à nossa, mas que, por considerações de fonética, parece anterior às inscrições de Dario[7]. Conjecturou-se, portanto, que os dois textos derivem de um velho módulo de chancelaria aquemênida. No conteúdo desse módulo, e mesmo na forma, não faltam traços de noções e fórmulas estereotipadas de origem assírio-babilônica. Dois pontos são particularmente pertinentes. O primeiro é a idéia da investidura divina (o querer de Ahura Mazda), adotada freqüentemente em favor da tese do zoroastrismo dos reis aquemênidas; o segundo, é a figura messiânica do rei-salvador e portador de justiça aos pobres e oprimidos. As duas concepções são substancialmente comuns a todas as civilizações do Antigo Oriente, a começar pela civilização mesopotâmica. Leiam-se, por exemplo, as palavras de Hamurabi (cerca de 1728-1686 a.C.) no prólogo de seu célebre código: "Anu e Enlil chamaram-me [...] para fazer prevalecer a justiça no país, para destruir o malvado e o malfeitor, e para que o poderoso não oprima o fraco"[8]. A matriz do nosso módulo parece, portanto, pelo menos em parte, pré-aquemênida; mas a escolha e adaptação das fórmulas preexistentes é, obviamente, obra da chancelaria aquemênida.

Deve-se sublinhar, em particular, o fato de que a chancelaria aquemênida nunca adotou, nos documentos em lín-

---

7. G. Gharib, op. cit.; W. Hinz, op. cit., p. 45-61 (acima nota 1); M. Mayrhofer, "Xerxes roi des rois", AI I 1 (1974), p. 108-116.
8. *ANET*, p. 164. Cf. J. Zandee, "Le Messie. Conceptions de la royauté dans les religions du Proche Orient ancien", RHR 180 (1971), p. 3-28.

gua persa, as fórmulas de divinização do soberano correntes nas inscrições reais assírio-babilônicas e, especialmente, egípcias, mesmo deixando-as nas versões paralelas em línguas estrangeiras: "Deus entre os Reis", "Deus Sol", "Filho de Enlil", "Filho de Rē" ou de "Amon-Rē" etc. Nos textos persas, o Grande Rei é o eleito, o protegido pela divindade, nunca a própria divindade ou seu filho (cf. acima, p. 64 e s.). A marca aquemênida nos textos persas é evidente, pelo menos na escolha das titulações reais. Esta consideração e, por outro lado, a presença de não poucas correspondências entre o nosso texto epigráfico e as outras inscrições de Dario, autorizam-nos a utilizá-lo como um documento fidedigno quanto ao modo em que este rei queria se apresentar aos súditos e ser lembrado pela posteridade.

É um problema muito difícil saber qual efeito pudesse ter a propaganda monárquica de Dario dentro e fora dos limites do império. Dentre numerosos povos rebeldes e inimigos subjugados e anexados à força por Dario, a começar pela repressão das revoltas em 522-521, e até a expedição de Dátis e Artafernes na Grécia, praticamente só os gregos deixaram traços de suas memórias e avaliações históricas e morais sobre a personalidade e a política do grande monarca. Em nível popular, as memórias gregas não podiam ser muito positivas. A conquista violenta de Samos por volta de 520 a.C., a expugnação das cidades gregas da Propôntida e da costa trácia durante a expedição na Cítia (cerca de 514-513 a.C.), a repressão brutal da revolta jônica, o saque de Mileto evocado, em 493, no drama de Frínico, a restauração dos tiranos na Jônia, a deportação em massa dos habitantes de Erétria – eis as principais feridas traumáticas que deixaram traços na memória coletiva grega. Os jônios, porém, recordavam também alguns méritos do regime persa restaurado após a revolta, como a instituição de um sistema de arbitragem interestatal para resolver as controvérsias entre as cidades, a introdução, na área jônica, de um novo mapa e cadastro, e a substituição dos regimes tirânicos por novos órgãos de governo, provavelmente eletivos, que, em comparação, foram qualificados como "democráticos". Os atenienses, por sua vez, consolaram-se com sua resistência vitoriosa em Maratona, e foi, talvez, graças a este sucesso que se encontraram na posição vantajosa de poder avaliar a figura e obra de Dario com maior imparcialidade. Os elementos gregos medizantes, enfim, como os beócios, os Alêuades da Tessália, os Pisistrátidas atenienses, o espartano Demarato e outros exilados gregos refugiados na Pérsia nutriam sentimentos de gratidão e lealdade pessoal em relação a Dario e Xerxes, herdados e conservados, depois, também por seus descendentes estabelecidos dentro das fronteiras do império.

Deste modo, apesar das vicissitudes, a figura de Dario que ficou permanentemente registrada na literatura grega da geração de Xerxes e Artaxerxes I apresenta uma mistura de idealização, respeito e julgamento imparcial. A mais antiga apreciação grega é a de Ésquilo, que quis glorificar não somente a luta dos gregos pela liberdade, mas também a sabedoria e piedade de Dario, contrapondo estas virtudes à imensa *hýbris* de Xerxes, causa da ira divina e da catástrofe pessoal do rei e de seu exército. Mas, quanto à informação, o drama de Ésquilo constitui um testemunho bastante eloqüente do misto de idéias confusas e da absoluta ignorância de assuntos persas predominante na sociedade ateniense, mesmo culta, da geração do grande conflito. Quando os *Persas* foram representados, Dario tinha sido sepultado havia quatorze anos em Persépolis; mas Ésquilo imaginava que o túmulo estivesse em Susa, no palácio. A lista que oferece Ésquilo dos primeiros reis aquemênidas, pronunciada pelo espectro de Dario (vv. 765-783), abre-se com Medos, epônimo fictício dos medos, étnico que na literatura grega equivale normalmente a "persas". Ciro é o terceiro rei da dinastia, um "homem feliz", conquistador da Lídia, Frígia e Jônia, um homem sábio e amado pelo deus – versos que atestam um vago conhecimento dos fatos históricos pertinentes à Ásia Menor ocidental, e da idealização grega, convencional no século V, do pai-fundador do império persa. Após Ciro reinam, na Pérsia imaginária de Ésquilo, um filho anônimo (Cambises?) e Mardos, "opróbrio da pátria e do antigo trono", assassinado "com engano" no palácio pelo destemido Artafrenes e seus companheiros (vv. 774-777) – clara referência à conspiração dos Sete e ao juízo severo de Dario sobre o Mago, mas em uma versão heterodoxa que não é nem a de Dario, que na inscrição de Behistun declara-se pessoalmente assassino do Mago em presença de seus colaboradores (DB I § 13; IV § 68 Kent), nem a de Heródoto[9]. Após Mardos, sucedem-se no trono uns certos Márafis e Artafrenes, em um verso (778) que os editores normalmente suprimem não por motivos filológicos, mas porque pareceu incrível para alguns que a ignorância histórica do poeta pudesse chegar a tal ponto. Fecham a lista Dario e Xerxes, finalmente nomes verdadeiros e na ordem justa.

Evidentemente, Ésquilo podia contar com uma idêntica ignorância de seu público quanto à dinastia aquemênida anterior a Dario. Devia também supor que nenhum de seus espectadores lembrasse os nomes dos almirantes persas que tinham combatido em Salamina (ver a lista fictícia de nomes persas nos vv. 302-330). Mesmo a figura idealizada de Dario é uma pura criação imaginária de arte grega e, além do mais, o espectro do rei aparece em cena como um Apolo ou um Héracles: é um semideus, filho da esposa e mãe de deuses (v. 157); é um profeta, que conhece a sorte das tropas persas que permaneceram na Beócia após a derrota de Salamina e prevê a catástrofe de Platéia; é um juiz severo da *hýbris* do filho impulsivo; um "pai bondoso", um rei sábio consciente do nexo entre sacrilégio e vingança divina (vv. 805 ss.). Ésquilo sabe também, ou imagina, que Dario governou por vontade divina (vv. 762-764) e aprecia o monarca "cuja razão domina as paixões" (v. 767), palavras que lembram as fórmulas de Dario na inscrição em sua tumba; mas seria arriscado supor que o

---

9. Ver em seguida p. 85 e s.

poeta ateniense tivesse conhecimento deste texto e das idéias auto-encomiásticas de Dario conhecidas pelos gregos de épocas sucessivas. Note-se, além do mais, que, enquanto que na inscrição mencionada de Persépolis*, Xerxes identifica-se com o pai, apropriando-se das mesmas fórmulas e dos mesmos ideais monárquicos, em Ésquilo, pai e filho representam dois tipos antitéticos de monarcas persas[10].

Com Heródoto, a situação muda. Um historiador, mesmo se "homeríssimo", não possui a licença poética de um poeta trágico. Passou-se também uma geração, e aumentou a porcentagem dos conhecimentos seguros sobre o império aquemênida. Heródoto é o primeiro autor grego que atribui a Dario uma verdadeira teoria monárquica. No meio do livro III das *Histórias* encontra-se a narração do golpe de estado na Pérsia, em 522 a.C., e da ascensão de Dario ao trono. O livro abre-se com a narração da campanha de Cambises no Egito, à qual segue uma série de anedotas sobre o tema da loucura do rei persa, desenvolvida após o fracasso da campanha etiópica (caps. 1-37). Cambises morre durante o seu retorno precipitado para a Pérsia, na tentativa de derrubar o governo usurpado pelos magos. Heródoto narra, então, o breve reinado dos magos, da conspiração dos Sete e do golpe de estado no palácio de Susa. O verdadeiro herói da conspiração em Heródoto é Otanes, não Dario ou Artafrenes (caps. 61-79). A inscrição de Behistun refere, no essencial, os mesmos eventos, mas o herói, o único herói, é obviamente Dario: os outros seis nobres persas são colaboradores, assistem à cena do assassínio do Mago, e Dario pede que seu sucessor proteja as famílias deles (DB IV § 68-69 Kent).

*. Cf. p. 81. (N. da T.)
10. Ver U. Bianchi, "Eschilo e il sentire etico-religioso dei re persiani", em *Studi in onore di A. Ardizzoni*, I, Roma ,1978, p. 63-72. Para um juízo mais generoso sobre as informações de Ésquilo sobre argumentos persas ver A. Tourraix, "L'image de la monarchie achéménide dans les *Perses*", REA 86 (1984), p. 123-134. Sobre os reis aquemênidas nos *Persas*, ver também T. Higginson, *Greek Attitudes to Persian Kingship down to the Time of Xenophon*, Diss. Oxford, 1987 (microfilm), ch. III.

Logo após a história do golpe de estado e do massacre dos magos em Susa, Heródoto insere, no meio do livro III, três famosos capítulos (80-82), nos quais são referidos três discursos sobre os três regimes políticos da classificação canônica grega: a democracia, a oligarquia e a monarquia, discursos que teriam sido pronunciados por três conspiradores reunidos a conselho. O primeiro, Otanes, critica o regime tirânico e propõe instaurar na Pérsia a *isonomíe*, termo que nesse contexto equivale a *demokratíe* (cf. VI, 43, 3). O segundo, Megabizo, associa-se a Otanes na oposição à tirania, mas critica também o regime popular e propõe como alternativa a oligarquia. O terceiro orador é Dario, o qual critica as duas propostas anteriores e propõe restaurar na Pérsia o regime ancestral, ou seja, a monarquia. Com a votação, vence a proposta de Dario; Otanes retira-se da competição, enquanto os demais participam de uma disputa hípica; ao amanhecer, Dario é eleito rei graças ao relincho milagroso de seu cavalo (caps. 83-87). Assim começa a história de Heródoto sobre o reinado de Dario, apresentando ao leitor, em primeiro lugar, uma lista das satrapias e tributos do império reorganizado pelo novo rei (caps. 88-96).

Os três discursos sobre os regimes políticos foram considerados sob vários pontos de vista pela pesquisa moderna, em particular, como um dos testemunhos mais antigos e mais significativos do pensamento político grego. Enquanto tais, os três discursos entraram justamente em todas as antologias históricas dedicadas às doutrinas políticas do Ocidente. O problema das fontes foi necessariamente colocado no centro da pesquisa. Segundo a hipótese menos recente, porém mais conhecida, os três capítulos reproduziriam ou resumiriam, com adaptações mínimas, o essencial de um tratado sofista contemporâneo sobre os regimes políticos, em que se retomava a tripla classificação do Governo de Um, do Governo de Poucos e do Governo da Maioria, classificação ainda rudimentar, carente de uma terminologia técnica precisa e coerente, mas preexistente à época de Heródoto (ela é mencionada por Píndaro, *Pítica* II, 158 ss., antes de 474 a.C.) e aparentemente já convencional em seu tempo. As adaptações mínimas introduzidas por Heródoto no texto interpolado seriam revisões literárias requeridas pelo contexto narrativo de história persa e pela personalidade dos três oradores: por exemplo, a escolha de Cambises para indicar a tirania, o exemplo dos Sete conspiradores como oligarcas tendo direito ao Governo dos Poucos, a definição da monarquia como regime ancestral dos persas. Procurou-se também indicar o nome do autor do suposto tratado: Protágoras de Abdera, Hípias de Élis, Pródico de Ceos – sofistas com idéias democráticas, contemporâneos de Heródoto – ou Antifonte sofista (distinto, habitualmente, do orador oligarca homônimo), de idéias políticas desconhecidas.

A tese sofista foi, porém, criticada, notando-se a ausência, nos discursos de Heródoto, de elementos típicos do raciocínio sofista, antes de mais nada a ausência de antilogias simétricas. Porém, mesmo recusando a hipótese sofista, permanecia, nas teses alternativas, o pressuposto fundamental de que os três capítulos são, quanto à forma e ao conteúdo, completamente estranhos à trama de história persa que os circunda. Supunha-se sempre que a fonte de Heródoto, sofista ou não, era de matriz puramente helênica, e, em particular, ateniense. Sabe-se, além do mais, que no tempo de Heródoto a polêmica sobre os regimes políticos era da maior atualidade. A célebre oração fúnebre de Péricles e a *República dos Atenienses* atribuída a Xenofonte – obra, porém, de um oligarca contemporâneo a Heródoto – são exemplos que todos conhecem. Um exame comparado dessas fontes coetâneas pode indicar facilmente tanto as analogias quanto as divergências substanciais entre os raciocínios pró e contra os regimes políticos em conflito ideológico na Grécia do século V. Infelizmente, falta-nos toda a gama de argumentações apresentadas no tempo de Heródoto, dada a penúria da documentação; mas é fácil reconhecer, no que subsiste, a sua variada multiplicidade.

Qualquer tentativa de reconduzir os capítulos de Heródoto a uma única matriz literária deve levar em conta essa situação.

Uma outra corrente de crítica filológica tende, ao contrário, a considerar os três capítulos não como um corpo estranho interpolado na narração, mas como um ensaio de criatividade narrativa de Heródoto, perfeitamente integrado no contexto de história persa, tanto no conteúdo quanto no estilo. Notou-se, por exemplo, que o estilo optativo-potencial do democrático Otanes, ou o estilo indicativo-afirmativo do autoritário Dario são intencionalmente adaptados aos caracteres dos dois personagens, que retomam idéias e comportamentos já expressos em discursos anteriores no livro III (caps. 71-72). Observou-se também, nos três discursos, idéias ou reminiscências políticas ou religiosas de origem grega arcaica (ou, de qualquer forma, pré-sofista), em nada estranhas ao modo de pensar do arcaizante Heródoto, assim como alguns traços de raciocínio científico jônico.

Se se admite que o debate sobre os regimes é obra do próprio Heródoto, como o resto do livro III, pode-se aceitar também o pressuposto de que as fontes utilizadas nos três capítulos não são substancialmente diferentes das utilizadas para a redação de todo o *logos*; e, se entre as fontes do *logos*, algumas parecem certamente de proveniência oriental, mesmo se chegadas ao conhecimento de Heródoto por via indireta, mal compreendidas ou interpretadas à maneira grega, torna-se incongruente excluir *a priori* um uso análogo de fontes orientais também no que diz respeito ao debate sobre os regimes. Esta segunda corrente de crítica pode, portanto, ser considerada mediana entre as duas teses extremas, visto que não se opõe a uma abertura para teses de tipo "persa". Com efeito, se se reconhece a perfeita integração do debate no contexto persa, surge imediatamente o problema do motivo, ou dos motivos, de sua inserção bem nesse ponto. Não faltavam ocasiões para que um narrador livre, não preocupado com as fontes históricas, inserisse um debate do gênero em um contexto de história grega, por exemplo, na história de Atenas, no final do século VI a.C.: nada mais fácil do que atribuir, aos chefes das três facções políticas em luta, em 511-508 a.C., três discursos sobre três programas políticos concorrentes: Clístenes sobre a democracia, Iságoras sobre a oligarquia e Hiparco "júnior" sobre a monarquia. A escolha do *logos* persa deve ter um motivo, e leva a pensar seriamente que Heródoto, que certamente *não* era um narrador livre que não se preocupava com as fontes (como pretende hoje uma escola crítica muito superficial), tivesse um motivo de força maior, a ele imposto pelas fontes de que dispunha. A inclusão do debate no contexto da história do golpe de estado em 522 e da ascensão de Dario ao trono encontraria, assim, uma explicação persuasiva, segundo a hipótese "persa" hoje muito difundida, se fosse exigida pelos dados de informação histórica disponíveis.

Muito peso foi dado, nos estudos modernos, à insistência de Heródoto sobre a historicidade dos discursos pronunciados em Susa, em polêmica com os céticos de seu tempo. Os discursos, declara o nosso historiador em III, 80,1, "ainda que para alguns gregos pareçam incríveis, foram, no entanto, pronunciados"; e de novo, em VI, 43, 3, onde se trata da instauração de regimes democráticos nas cidades jônicas por obra de Mardônio, repete: "direi algo que será de grande maravilha para os gregos que não admitem que Otanes tenha proposto aos Sete persas a democracia para os persas". Como explicar a insistência nesse argumento? É muito fácil livrar-se da dificuldade entrevendo, em toda afirmação deste tipo, um truque banal da "literatura burlesca" (*Lügenliteratur*) para enganar o leitor ingênuo[11]. Uma via mais séria é supor uma intenção polêmica e didática, dirigida contra os contemporâneos (ou

---

11. Ver a "regra" de D. Fehling, *Herodotus and his "Sources". Citation, Invention and Narrative Art*, Leeds, 1989 (tradução atualizada da edição alemã de 1971, *Die Quellenangaben bei Herodot*). Para uma recente reação a esta "escola" ver W. K. Pritchett, *The Liar School of Herodotus*, Amsterdam, 1993.

autores precedentes de histórias persas) que, por uma postura soberba ou "nacionalista", nunca iriam admitir a possibilidade de idéias não monárquicas, e muito menos democráticas, no mundo oriental e bárbaro em geral.

O historiador de Halicarnasso, grande admirador das civilizações orientais, não está de acordo com um comportamento deste tipo, considerando-o um sinal de ignorância, e quer dar a entender, indiretamente, ao seu público grego, e, em particular, ao público ateniense, que a idéia democrática foi proposta em Susa por um nobre persa cerca de doze anos antes que fosse instaurada em Atenas por Clístenes, e que as cidades jônicas não deviam a Atenas, mas a um sátrapa persa, os seus regimes democráticos. A intenção didática é evidente no tom polêmico dos dois trechos citados. Todavia, esta interpretação não é, em si mesma, suficiente para aplainar todas as dificuldades; ao contrário, ela recoloca, em termos ainda mais prementes, o problema das fontes em que Heródoto acreditava tanto, a ponto de reiterar, com a maior segurança, uma tese que parecia incrível para outros.

É incontestável que Heródoto estivesse ao corrente de uma grande quantidade de fontes persas e orientais em geral, filtradas por intermediários bilíngües ou traduções gregas. Falamos da inscrição de Behistun, texto difundido em todas as línguas e províncias, e certamente também em grego e na Jônia, que apresenta notáveis correspondências, nos fatos essenciais e nos nomes dos protagonistas, com a história herodoteana de Cambises e da crise de 522 a.C. Portanto, Heródoto estava informado sobre o conteúdo desse texto fundamental, talvez, porém, não por meio de uma leitura direta, mas mediante intermediários ou variantes escritas, responsáveis eventualmente pelas divergências e lacunas sobrevindas. Também os dois grandes "catálogos" de Heródoto, o catálogo das satrapias e tributos no livro III (89-96) e o catálogo dos contingentes étnicos do exército de Xerxes no livro VII (61-98), remontam, em última análise, a documentos escritos. O uso de fontes orais persas é um problema mais complexo, na falta de elementos de comparação. Vale a pena lembrar uma velha hipótese sobre Zópiro, o Jovem, bisneto do conspirador "oligárquico" Megabizo. Heródoto sabia que este Zópiro havia recebido asilo em Atenas (III, 160, 2) nos anos trinta do século V; mas não se sabe se o historiador encontrou o exilado durante uma estada dos dois em Atenas, nem se recolheu através dele uma tradição de família sobre os fatos de 522. No tempo de Heródoto, os descendentes de um outro conspirador, Otanes, viviam na Capadócia, onde a família desfrutava dos privilégios obtidos pelo seu antepassado após o golpe de estado; a estes descendentes poderia remontar a versão idealizada, presente em Heródoto, da personalidade de Otanes e do seu papel decisivo na conspiração. Mas, visto que Otanes tinha deixado lembrança de si na Jônia, e, particularmente, em Samos, não se pode excluir que todos os dados sobre Otanes tenham sido recolhidos pelo nosso historiador na Jônia.

Essas considerações gerais sobre as possíveis fontes persas de Heródoto levaram alguns estudiosos a supô-las também quando tratam especificamente do debate sobre os regimes políticos. Uma contribuição muito original, mesmo se discutível nos detalhes, foi dada já em 1948, por Vasili V. Struve, um dos maiores assiriólogos e iranistas soviéticos de nosso século, em um artigo pouco conhecido no Ocidente, mas substancialmente aceito, até recentemente, por eminentes estudiosos na Rússia[12]. Struve assumiu a tarefa de realizar uma comparação pontual entre as idéias expressas por Dario na inscrição em seu túmulo, que deu ensejo ao presente capítulo, com os três discursos sobre os regimes políticos em Heródoto, e, particularmente, com o discurso de Dario sobre a monarquia. A comparação é, em si, legítima, especialmente se se admite que o texto epigráfico, traduzido e difundido como sempre pela chancelaria

---

12. "Gerodot i polititcheskije tetchenija v Persii epochi Darija I', Vestnik drevnej Istorii, 1948, 3, p. 12-35; cf. M. A. Dandamaev, *A Political History*, p. 105-106.

persa, tivesse chegado, pelas habituais vias intermediárias, ao conhecimento do nosso historiador. A possibilidade não deve ser excluída de modo categórico, tanto mais quando, bem no caso desse texto, sabe-se que o conteúdo era conhecido pelos historiadores gregos da época de Alexandre (ver acima, p. 77-87) e não há uma razão forte para duvidar que já o fosse um século antes. Mas as relações entre textos devem ser demonstradas textualmente, não meramente intuídas, supostas ou "não excluídas". Examinemos, pois, os possíveis paralelos, em grande parte notados por Struve no estudo acima citado.

Vimos que, na inscrição, Dario se apresenta aos súditos como um monarca sábio, ativo, que sabe dominar os impulsos e frear as cóleras por meio da razão e do comando (ver §§ 3 e 7). No discurso de Heródoto, Dario sustenta que a monarquia é o melhor dos regimes na medida em que o monarca dispõe de "grande juízo" (*gnóme toiáute*: 82, 2), ao passo que entre os oligarcas sobrevêm ódios pessoais e entre os democratas amizades solidárias (ibidem, 3-4). Em outras palavras, nos regimes não-monárquicos prevalece o temperamento emotivo-irracional, enquanto que na monarquia domina a razão. Por outro lado, Otanes, que no seu discurso se detém mais na crítica da tirania do que no elogio da democracia, atribui ao tirano três vícios que estão em oposição absoluta às virtudes do monarca ideal da inscrição tumbal: a *hýbris*, a inveja e a cólera (80, 3-4); e Megabizo, por sua vez, atribui à massa do povo estupidez, *hýbris* e desregramento (81, 1-2), ao mesmo tempo que está pronto a reconhecer que o tirano também pode "agir com conhecimento" (*ginóskon poiée*: 81,2). Esta última expressão apresenta uma precisa correspondência (não notada por Struve) com o parágrafo 7 da inscrição, em que Dario declara "pensar nas medidas a serem tomadas" (unidade de teoria e ação). À afirmação de Megabizo, segundo o qual a massa não é instruída, não conhece o belo e não reflete (81, 2), pode-se contrapor o elogio de Dario ao criador deste mundo "excelente" e da "felicidade" para o homem (§ 1) e sua presunção de possuir as melhores faculdades mentais.

Vimos também que o amor à justiça e a aversão ao mal constituem, na inscrição, um par de princípios que pode ser tomado como *Leitmotiv* de todo o texto epigráfico, com ecos também em outras inscrições de Dario. Otanes, em Heródoto, sustenta antiteticamente que o tirano (o oposto do bom monarca na doutrina política grega) é invejoso dos melhores cidadãos, compraz-se com os malvados e condena à morte sem processo (80, 4-5): ou seja, ama o mal e é contrário à justiça. Deve-se notar um particular: no parágrafo 5, Dario declara que "o que um homem diz contra um (outro) homem não me convence"; em antítese, o tirano, no discurso de Otanes, "é excelente em receber calúnias" (80, 4). Na inscrição, Dario premia os colaboradores e pune os que causam danos (§ 4) e sabe distinguir, com "entendimento", entre os "rebeldes" e os "não-rebeldes" (§ 7): idéias bem conhecidas por Heródoto e utilizadas também em outros momentos de sua obra. São conhecidos os exemplos da justiça arrazoada de Dario no caso de Histieu (VI, 29-30), em que Dario é contraposto a Artafernes e a Harpago, que condenam à morte Histieu "por temor", ao passo que o Grande Rei dá ordens de sepultar a sua cabeça segundo as honras devidas aos "benfeitores" do rei; ou no caso de Sandoques, juiz real que Dario manda empalar por corrupção, mas que salva no último momento reconsiderando seus méritos, mais numerosos do que suas culpas (VII, 194). Também a afirmação de Heródoto sobre os reis persas em geral, que nunca condenam à morte um homem por uma única acusação e que somente depois de ter calculado o balanço dos erros e dos méritos na vida do culpado dão vazão a sua cólera (I, 137, 1), deve ser considerada como uma generalização feita pelo historiador a partir dos exemplos conhecidos de julgamentos efetuados por "bons" reis aquemênidas[13]. A regra da "recompensa" dos colabo-

---

13. Cf. L. Boffo, op. cit. (acima, cap. 1, nota 12), nota 13, p. 275 e s. (e nota 28). Ver as anedotas sobre os sofismas jurídicos persas: por exemplo, Heródoto III, 31; VIII, 118, 2-4; Plutarco, *Artaxerxes,* 27, 3-4; 5, 4.

radores na inscrição de Dario (§ 4) corresponde às notícias de Heródoto sobre os "benfeitores" do Grande Rei, *orosángai* no persa de Heródoto (VIII, 85, 3; o termo é conhecido também por Sófocles, talvez através de Heródoto).

Vimos que Dario se opõe, na inscrição em sua tumba, tanto à vexação do fraco pelo poderoso, quanto à vexação do poderoso pelo fraco (§ 2). Um paralelo em Heródoto seria a dupla crítica de Dario dirigida aos dois regimes extremos, a oligarquia e a democracia: também no discurso de Dario em Heródoto, com efeito, a monarquia é concebida como um regime intermediário, com função mediadora entre a aristocracia e o povo. A vexação do fraco pelo poderoso equivaleria, na interpretação grega de Heródoto, à noção de oligarquia, enquanto que a vexação do poderoso pelo fraco lembra a crítica oligárquica da exploração econômica das classes abastadas pelo povo nos regimes democráticos (argumento importante da *República dos Atenienses* do Pseudo-Xenofonte). Em resumo, no modo de ver de Dario, tanto o autêntico da inscrição tumbal, quanto o vestido à moda grega do discurso de Heródoto, as duas alternativas sócio-políticas da monarquia não seriam nada mais do que duas formas extremas e igualmente injustas de vexação.

As conclusões de Struve, baseando-se nos paralelismos entre as inscrições de Dario e o debate em Heródoto, são unívocas: Heródoto conhecia as teorias monárquicas de Dario, em versão grega escrita ou através de informantes bilíngües, e compôs os três discursos segundo os dados recolhidos, em estilo e termos compreensíveis ao seu público. Prosseguindo nesta ordem de idéias, poderíamos também argumentar que Heródoto teria eventualmente composto, antes de mais nada, o discurso sobre a monarquia a partir de suas fontes persas helenizadas, depois o discurso antitético de Otanes sobre a tirania, ou seja, sobre a forma perversa da monarquia, e, enfim, teria intercalado entre os dois o discurso de Megabizo como crítica da democracia, de modo a ajustar o conjunto à tripla classificação grega convencional dos regimes políticos. Struve sabia muito bem que, na forma que temos diante de nós, o debate é uma composição de Heródoto, entremeada de termos e elementos gregos para os quais nenhum modelo persa podia existir, nem era necessário (por exemplo, o sorteio dos cargos públicos, a prestação de contas e as resoluções da assembléia no parágrafo sobre a *isonomíe*: 80, 6); acreditava, porém, na origem persa do substrato depositado no discurso de Dario.

À primeira vista, um substrato comum existe, efetivamente, na concepção ideal da monarquia. Permanece, porém, a dúvida de que as afinidades aparentes possam ser devidas à criatividade autônoma de civilizações diferentes e não necessariamente aos contatos interculturais. Deve-se, certamente, ressaltar que é incontestável que Heródoto conhecesse perfeitamente os ideais monárquicos de Dario: o papel decisivo do intelecto, o princípio da justiça imparcial, o critério da verdade, a monarquia como força mediadora entre extremos. Mas é igualmente necessário notar que essas idéias genéricas e usuais estão presentes nas propagandas monárquicas de todos os tempos e também na literatura grega de época arcaica. Pense-se, por exemplo, na figura do *hesimneta*, ou legislador autocrata, e no seu papel de mediador entre as classes sociais em conflito, figura bem conhecida por Heródoto através das poesias de Sólon (Dario, além do mais, foi comparado a Sólon e Licurgo, por exemplo, em Platão, *Fedro*, 258 B-C). Por outro lado, Heródoto sabia muito bem que a grande crise dinástica e imperial de 522/521 a.C. dera origem a uma nova estrutura administrativa e fiscal, que, por sua vez, pressupunha um programa ideológico bem definido. A divergência geral de interesses étnico-sociais e de idéias políticas, que transtornou as áreas rebeldes do império durante o período que vai da morte de Cambises à vitória final de Dario, deve ter-se exprimido necessariamente também em divergências entre as facções rivais da alta nobreza persa. O sucesso do golpe de estado exigia do vencedor uma nova doutrina de legitimação monárquica. Dario devia apresentar Gaumata como um usurpador do trono que lhe pertencia por direito hereditário. Também Gaumata fizera o mesmo, apresentando-se como filho legítimo de Ciro, e, antes dele, o próprio Ciro havia evidenciado as próprias credenciais aquemênidas. Dario, além do mais, achou oportuno, por motivos que nos são desconhecidos, apresentar-se como o eleito de Ahura Mazda diante de qualquer pretendente passado, presente ou futuro, e salientar as próprias faculdades físicas e morais como garantias da monarquia ideal. Mas, além das legitimações, Ciro, Cambises e Gaumata tinham personificado, em menos de trinta anos, três formas diferentes de monarquia imperial: a realeza paternalista, o despotismo autoritário, a monarquia populista. Uma escolha entre essas formas possíveis de regime monárquico impunha-se após o golpe de estado. Mas trata-se sempre de uma escolha entre formas diferentes de monarquia. Não que no Oriente não existissem as premissas teológicas ou ideológicas para uma crítica do regime monárquico: não poucos textos do Antigo Testamento atestam sua existência e vitalidade. Não que Heródoto negasse, por princípio, aos povos bárbaros, o desejo universal de liberdade. Mas na realidade histórica do Oriente antigo, nunca se colocou uma séria alternativa política ao regime monárquico que não fosse o tribalismo – equivalente à desagregação étnico-regional do estado. Somente um intelectual grego antigo (ou um historiador moderno) poderia traduzir as variedades monárquicas orientais em termos de "oligarquia", "tirania" e "populismo". A idéia de um "retorno a Ciro", a condenação do absolutismo caprichoso personificado por Cambises, a exigência de uma restauração da ordem social e política, as perspectivas de um sistema menos centralizado estavam presentes no ano da grande crise. A visão monárquica de Dario como programa político (não como realidade histórica) nasceu e venceu com o golpe de estado, na forma autêntica atestada pelas inscrições persas, da qual acabou por se insinuar um eco, semi-equivocado e helenizado, nos escritos dos historiadores jônicos do século V a.C.

Estamos nos primórdios das teorias monárquicas gregas e da oposição tópica entre "realeza" (*basíleia*) e "tirania". O modelo idealizado persa teve um papel determinante, na época aquemênida, para o desenvolvimento destas teorias – que encontraram sua expressão literária mais sistemática no gênero dos tratados retóricos *Sobre a realeza* (*Perì basiléias*) – e continuou a fomentá-las também na época helenística, quando o problema possuía maior atualidade para a civilização grega do que na época clássica. Um texto de grande interesse sob este aspecto é a *Ciropedia* de Xenofonte; mas, enquanto que neste escrito a monarquia-modelo de Ciro se extingue com o seu reino, que sob os seus sucessores se deteriora e desagrega (ver VIII, 8), outros intelectuais gregos faziam remontar a Dario a origem dos ideais e das instituições aquemênidas, em parte ainda vigentes em seu tempo. É essa a mensagem que nos transmitem, no século V, Ésquilo e Heródoto, e, no século IV, Platão, o qual contrapunha o austero Dario tanto ao seu predecessor quanto ao seu sucessor, ambos personagens degenerados. Heródoto, que não idealiza nem denigre ninguém, não esconde um juízo pouco lisonjeiro que então circulava sobre Dario: se Ciro era lembrado como um "pai" e Cambises como um "déspota", falava-se de Dario como um "pequeno comerciante", um *kápelos* (III, 89, 3). Veremos, no próximo capítulo, como e porque a obra do grande reorganizador do império aquemênida pôde dar origem a este estranho epíteto.

3. SATRAPIAS E TRIBUTOS

"Se tu agora pensas, 'quantos são os países/povos (*dahyāva*) que o Rei Dario possuía?' – olha as esculturas que carregam o trono e vais sabê-lo, será claro para ti" (DNa § 4 Kent).

Dario convida o viandante curioso a contar as figuras esculpidas, em relevo, que sustentam o trono do Grande Rei sobre a entrada de sua câmara tumbal em Naqsh-i Rustam. São trinta, e na lista precedente das *dahyāva* aparecem, com efeito, além da Pérsis, vinte e nove nomes (ibidem § 3). Este era o número no final do reino de Dario; no início eram vinte e três (incluída a Pérsis), como resulta da inscrição de Behistun (DB I § 6): "Fala o Rei Dario: são estas as *dahyāva* que me couberam, fui seu rei por querer de Ahura Mazda". Segue uma lista, que está na base de todas as listas sucessivas:

1. Pārsa (Pérsis) 2. Ūvja (Elam) 3. Bābirush (Babilônia) 4. Athurā (Assíria) 5. Arabāya (Arábia) 6. Mudrāya (Egito) 7. tyaiy drayahyā ("os do mar": jônios das ilhas?) 8. Sparda (Sardes, Lídia) 9. Yauna (Jônia) 10. Māda (Média) 11. Armina (Armênia) 12. Katpatuka (Capadócia) 13. Parthava (Pártia) 14. Zra(n)ka (Drangiana) 15. Haraiva (Áreia) 16. Uvārazmīy (Corásmia) 17. Bākhtrish (Bactriana) 18. Sug(u)da (Sogdiana) 19. Ga(n)dāra 20. Saka (Cítia) 21. Thatagush (Satagídia) 22. Harauvatish (Aracósia) 23. Maka (costa arábica do golfo?)

Ao todo, vinte e três *dahyāva*" (ibidem, l. 17). Deve-se notar que, excepcionalmente, no alto desta lista está a Pérsis, que é incluída no total. As listas posteriores de Dario e de Xerxes apresentam acréscimos e variantes: comparece Hi(n)dush, a Índia, anexada não antes de 519 a.C.; Asagarta (Sagártia); Skudrā (provavelmente a Trácia); Kūsha (a Núbia); Karka (Cária); os yaunā e os sakās aparecem subdivididos em grupos com epítetos às vezes pitorescos: "jônios do continente" (Dascílitis?), "jônios do mar", "jônios do além-mar", "jônios com chapéus de abas", "citas com chapéus de ponta", "citas do além-mar", "citas bebedores de *haoma* (?)". O total máximo das *dahyāva* súditas, trinta e duas, aparece na inscrição dos *daivā* de Xerxes, já mencionada no primeiro capítulo desta série de ensaios (XPh § 3 Kent)*. As listas são apresentadas como completas, assim como o total das figuras esculpidas na tumba de Dario e em outros lugares. Entre as representações iconográficas, a mais famosa é o desfile das "delegações" étnicas esculpidas na fachada leste da *apadana* (sala das audiências) do palácio de Persépolis, que quer, evidentemente, diferenciar os povos súditos segundo a fisionomia, as vestes, os ornamentos e as dádivas oferecidas ao Grande Rei; como, porém, faltam legendas epigráficas com os respectivos étnicos, a identificação dos povos permanece, na maior parte dos casos, hipotética. Na base da estátua de Dario descoberta

*. Cf. p. 60. (N. da T.)

em Susa (ver cap. 1, nota 11), encontram-se vinte e quatro cartuchos com figuras estilizadas e étnicos em hieróglifos. O total, nas representações iconográficas, oscila entre vinte e três e trinta, cifras não diferentes das que são encontradas nas listas epigráficas.

Uma preciosa fonte grega confirma, aproximadamente, o total das fontes persas: o "catálogo" de Heródoto das satrapias e tributos (III, 89-96):

1. Jônios, magnésios da Ásia, eólios, cários, lícios, milieus, panfílios: 400 talentos de prata.

2. Mísios, lídios, lasônios, cabalenses, hitenenses: 500 talentos.

3. Habitantes do Helesponto, frígios, trácios da Ásia, paflagônios, mariandinos, sírios (= capadócios): 360 talentos.

4. Cilicianos: 360 cavalos brancos ("um por dia"), 500 talentos (dos quais 140 para o financiamento da cavalaria de guarnição na Cilícia).

5. Fenícia, Síria chamada Palestina, Chipre: 350 talentos.

6. Egito e líbios fronteiriços, Cirene, Barce: 700 talentos; proventos da pesca do Lago Moeris; 120.000 medimnos de trigo para a guarnição de Mênfis.

7. Satágidas, gandaros, dádicos, aparitas: 170 talentos.

8. Susa e Císsia (Elam): 300 talentos

9. Babilônia e resto da Assíria: 1000 talentos, 500 meninos castrados.

10. Ecbátana e resto da Média, paricanos, ortocoribantes: 450 talentos.

11. Cáspios, pausicas, pantimates, daritas: 200 talentos.

12. Bactrianos até os eglos: 360 talentos.

13. Pática, armênios e limítrofes até o Ponto Euxino: 400 talentos.

14. Sagartianos, sarangueus, tamaneus, utianos, micos, habitantes das ilhas do Mar Vermelho: 600 talentos.

15. Sacas, cáspios: 250 talentos.

16. Partos, corasmos, sogdianos, ários: 300 talentos.

17. Paricanos, etíopes da Ásia: 400 talentos.

18. Matienos, sáspiros, alarôdios: 200 talentos.

19. Moscos, tibarenos, macrones, mossinecos, mares: 300 talentos.

20. Indianos: 360 talentos de pó de ouro, equivalentes a 4.680 talentos eubóicos de prata.

Segundo Heródoto, Dario teria instituído vinte *arkhái* (governos) ou *nomói* (distritos), "que os persas chamam *satrapéiai*", excluída a Pérsis, que não é tributária (III, 89, 1; 97, 1). Mas, "com o passar do tempo" – acrescenta o nosso historiador –, "novos tributos provinham das ilhas e dos que habitavam na Europa, até a Tessália" (ibidem, 96,1), alusão às sucessivas anexações persas na Trácia e no Egeu[1]: é fácil chegar, assim, a um total de vinte e três – trinta unidades também na base da lista de Heródoto. Quando, porém, passamos das cifras do total a cada topônimo e étnico, a incompatibilidade das fontes torna-se séria e irreparável. Antes de mais nada, falta a certeza absoluta de que os dois tipos de fontes falam das mesmas coisas. As inscrições falam de *dahyāva*, países e/ou povos, ou "países habitados por povos", ou melhor, "povos que habitam países" (as versões elamitas têm étnicos, não topônimos). Heródoto, ao contrário, faz uma clara distinção entre as assim chamadas "satrapias", que são vinte, e os "povos" (*éthnea*): com efeito, Dario teria disposto "que lhe pagassem os tributos segundo os povos, anexando a estes povos os seus limítrofes, e, indo além de seus vizinhos, repartindo entre eles os outros povos mais distantes" (III, 89, 1). Ou seja, as "satrapias" seriam conglomerados pluriétnicos, não necessariamente em continuidade territorial: o total das subdivisões de Heródoto é setenta (56 étnicos e 14 topônimos relativos a distritos), em vinte satrapias.

A incompatibilidade persiste também quando se examinam casos particulares. Por exemplo, o décimo sexto *nomós* de Heródoto inclui quatro *éthnea*, os partos, os co-

---

1. O livro de *Ester* atribui a taxação do "continente e das ilhas do mar" a Assuero (10:1), geralmente identificado com Xerxes.

rasmos, os sogdianos e os ários, ao passo que nas listas persas estas *dahyāva* compareçem como unidades separadas; em Heródoto falta a Aracósia, que, ao contrário, está presente em todas as listas epigráficas. Além do mais, o catálogo de Heródoto é helenocêntrico: inicia-se com a Jônia e conclui-se com a Índia, ao passo que as listas epigráficas são persocêntricas, partindo do núcleo central do império para se desenrolar em espiral em direção à periferia. O ponto de vista do "catálogo" é de um grego da Ásia Menor, que quer seguir uma vaga ordem geográfica distanciando-se de oeste para leste, ordem relativamente coerente para a parte ocidental do império, caótica e incontrolável para a parte oriental e setentrional.

Estas e outras incompatibilidades de conteúdo e perspectiva colocam peremptoriamente o problema das fontes e da cronologia do "catálogo". Temos a impressão de que Heródoto possuíse em suas mãos um documento escrito redigido na Jônia. Pensou-se que o autor da lista original fosse Hecateu de Mileto, bom conhecedor da geografia do império, autor de um mapa comentado do mundo conhecido, que talvez ampliava e atualizava um mapa anterior redigido por um outro famoso personagem de Mileto, o filósofo Anaximandro (cerca de 610-547 a.C.). Supôs-se também que Heródoto utilizara o mapa de Hecateu para compor a sua sucinta descrição geográfica (*periégesis*) do império persa, que um outro personagem de Mileto, Aristágoras, expôs ao rei espartano Cleômenes, por volta de 500 a.C. (V, 49, 5-7).

Tudo levaria a Mileto do século VI como centro jônico de informações e pesquisas sobre a etno-geografia administrativa do império persa. Assim, se o catálogo de Heródoto remonta efetivamente a essa documentação de Mileto tardo-arcaica, ele refletiria eventualmente a situação da época de Dario, como, além do mais, pensava o próprio Heródoto. Foram, porém, observadas algumas divergências, que, segundo alguns, deveriam ser explicadas com o pressuposto de mudanças ocorridas entre Dario e a época de Heródoto. Menciona-se o caso do quinto *nomós* (III, 91, 1), que, segundo Heródoto, inclui toda a faixa costeira do Mediterrâneo oriental entre o mar e o deserto, ou seja, o Transeufrates (*'abar-nahara*, o além-rio, é o termo aramaico), enquanto que a Mesopotâmia ("Babilônia e resto da Assíria") constitui o nono *nomós* (ibidem, 92, 1). Por outro lado, resulta dos documentos babilônios e das fontes bíblicas que até o final do reino de Dario estes dois distritos faziam parte de um grande governo, dirigido por um único sátrapa residente em Babilônia, e dividido em dois somente a partir do reino de Xerxes. Isto demonstraria, segundo alguns, que o catálogo de Heródoto contém atualizações posteriores a Dario. Mas como as duas províncias são regularmente diferenciadas também em todas as listas persas (*Athurā* e *Bābirush*), a hipótese da atualização deve ainda ser revista. É, em geral, arriscado corrigir o catálogo de Heródoto com base em listas persas, dadas as graves incompatibilidades entre as fontes. Apesar das incompatibilidades, as listas persas e o catálogo de Heródoto oferecem-nos praticamente a única visão panorâmica antiga das províncias do império aquemênida que possuímos. O escrito de Ctésias sobre os "Tributos da Ásia" perdeu-se, a autenticidade da lista dos sátrapas anexada no final da *Anábase* de Xenofonte é duvidosa, e, em todo caso, retrataria a situação de um ano excepcional (401/400 a.C.).

A obra de Dario consistiu na reorganização das estruturas administrativas preexistentes. É necessário supor que o conglomerado dos grandes reinos orientais anexados pelos seus predecessores – a Média, a Lídia, a Babilônia, o Egito, com as respectivas áreas dependentes – tivesse sido fracionado, e que Dario o houvesse reorganizado, tanto através de sucessivos fracionamentos quanto, ao contrário, mediante a agregação de unidades separadas, ou, enfim, mediante a reorganização e modernização do sistema tributário. Por tradição multissecular do Oriente Médio e por considerações pragmáticas, os reis aquemênidas teriam, em geral, preferido deixar o governo local nas mãos de regentes tradicionais, sempre que estes se mostrassem prontos a colaborar.

Heródoto conhecia a regra perfeitamente: "se (Psamênitos) tivesse evitado tecer intrigas, teria obtido novamente o Egito como governador, porque os persas costumam honrar os filhos dos reis, e dão também o governo para os filhos dos reis que se rebelaram contra eles. Pode-se deduzir que costumam comportar-se deste modo a partir de muitos e variados exemplos", e cita em seguida dois casos egípcios (III, 15, 2-3).

Na realidade, os grandes reis vencidos por Ciro e Cambises foram destituídos e substituídos pelo próprio Grande Rei (que se tornou, por um certo tempo, rei de Babilônia e faraó do Egito) e por sátrapas persas. Astíages, Creso, Nabonido tornaram-se, talvez (as fontes são contraditórias), hóspedes honrados do Grande Rei e convidados regulares, e, mesmo se obtiveram um poder administrativo, como querem algumas tradições antigas, obtiveram-no em zonas distantes de seus reinos originais (ver adiante)*.

Em algumas províncias menores, as dinastias locais foram excepcionalmente deixadas no poder. O caso mais conhecido é a Cilícia, que até o final do século V foi governada, com alguns intervalos, pelos "Siénesis" – provável título real tradicional, ou nome recorrente na dinastia. De fato, o rei cilício era um rei-vassalo e tributário, com funções e responsabilidades análogas às dos sátrapas ordinários. Esta prática tinha o mérito de facilitar a passagem de um regime para o outro, sem que o grosso da população se desse conta da mudança ocorrida. Costume sábio e clarividente, segundo uma enraizada tradição do Oriente Médio, não sem riscos, e que, no entanto, foi a exceção no império aquemênida, não a regra: à parte a Cilícia, podemos mencionar o caso da dinastia macedônica dos Argéadas, súdita do Grande Rei entre 512 e 479 a.C., e dos reis paflagônios na Ásia Menor norte-oriental. Vários outros régulos e di-

---

*. Cf. p. 122-123. (N. da T.)

nastas locais de cidades, áreas templares e unidades tribais engrossam a lista dos fidalgos–vassalos: os xeques de Qedar, os reis fenícios de Sidon, Tiro, Salamina de Chipre etc., os "tiranos" das cidades jônicas, os chefes das tribos das montanhas desde o Cáucaso até o Zagros, e assim por diante.

O governador ordinário é um sátrapa persa nomeado pelo Grande Rei. *Satrápes* é a forma helenizada (aparece pela primeira vez em Xenofonte) do persa *khshathrapāvā* (*khstrpn* em egípcio, *'khshdrpn* em aramaico e hebraico): significa, provavelmente, "guardião do *khshathra* (= *khshasa*)", ou seja, do "reino". Mas a distinção entre "sátrapa" e "rei-vassalo" é mais aparente do que real. Alguns grandes sátrapas deram origem a dinastias provinciais semi-autônomas. Os governadores da Capadócia e da Armênia, por exemplo, consideravam-se descendentes de dois dos Sete conspiradores de 522. Na Lícia formou-se a dinastia lício-persa dos Harpágidas, descendentes do conquistador medo Harpago. Os sátrapas da Dascílitis diziam descender de Artabazo. Em Halicarnasso, floresceu uma dinastia de reis locais, tanto no início do século V (Ligdamis e Artemísia são os nomes mais famosos), quanto no século IV (a dinastia hecatomna de Mausolo). Há casos de dinastias de sátrapas que sobreviveram até mesmo à queda do império. Todos estes dados enfraquecem o peso de uma distinção muito clara entre "sátrapas" e "reis-vassalos". Permanece a distinção étnica: os sátrapas normalmente são persas; mas há exceções: por exemplo, após a morte de Siénesis em Salamina, a Cilícia foi dada a um grego de Halicarnasso, um certo Xenágoras, e, no final do século V, foi governada por um cário, Kamisares. Um conhecido sátrapa da Babilônia foi Belesys, que parece um nome semítico. Além disso, as dinastias de sátrapas, enraizadas na província, tornavam-se logo mistas étnica e culturalmente. Os governadores subalternos eram freqüentemente fidalgos ou funcionários indígenas que colaboravam com o sátrapa da província: entre os nomes mais conhecidos estão os egípcios Udjahorresnet (já mencionado) e Ptahhotep, e os exilados gregos Temístocles e Demarato.

A administração aquemênida é amiúde apresentada como uma estrutura piramidal, com o Grande Rei no alto, no centro uma faixa de grandes sátrapas ou reis-vassalos, de fato semi-autônomos, e, na base, uma fila numerosa de governadores subalternos de grau variado. É impossível dizer quantos eram no total. No livro de *Ester* fala-se de 127 *mdinh* (= distritos), e Flávio Josefo inferiu deste trecho que o Grande Rei tinha nomeado 127 "arcontes" para o governo de outras tantas "satrapias" (*Ester*, 1:1; *Antiguidades Judaicas*, XI, 186). Em *Daniel* (6:2-3) fala-se, ao contrário, de 120 '*khshdrpny*' (sátrapas) sob o controle de três grandes *srkyn*; mas Josefo entendeu este trecho, aparentemente, no sentido de que cada uma das 120 "satrapias" fosse subdividida em três, com um total, portanto, que chegaria a 360 (op. cit., X, 249), cifra simbólica, que aparece também no catálogo dos tributos em Heródoto.

Em um outro momento, Josefo enumera, sem especificar, uma série de cargos administrativos: os "hegêmones dos medos", os "sátrapas dos persas", os "toparcos da Índia até a Etiópia", os "estrategos das 127 satrapias" (ibidem, XI, 33). Como se vê, nem as cifras, nem a terminologia inspiram muita confiança. Somente a noção da subdivisão distrital e hierárquica permanece confiável nessas fontes. Através de fontes melhores, sabemos que no Egito o governador de distrito chamava-se *fratarak* e, no Transeufrates, *pkha*. Os gregos usavam o termo *hýparkhos*, atribuído, às vezes, também aos grandes sátrapas.

Oficial e formalmente, com algum possível privilégio de protocolo muito excepcional, todos os governadores, do grande sátrapa ao ínfimo fidalgo local, são, do ponto de vista do Grande Rei, "vassalos" ou "servos": *bandaka* em persa, '*bd* nas línguas semíticas (servo), *doûlos* em grego, assim como os ministros, os juízes reais, os generais de corpo do exército, os almirantes, todos, "comandantes, sátrapas e reis (vassalos), servos do Grande Rei" ([Aristóteles], *De mundo*, 398 a 329). Este esquema piramidal pode ser útil para entender a lógica do sistema; mas, na realidade das coisas, prevalece a diversidade, graças à continuidade administrativa local, resistente a toda pressão unificadora.

A lista das satrapias em Heródoto é, ao mesmo tempo, também uma lista de tributos. Toda província é taxada anualmente. Dezenove *nomói* pagam cotas fixas em talentos de prata babilônicos; o vigésimo, a Índia, paga a soma fabulosa de 369 talentos de ouro. A cota máxima em prata, de mil talentos, provém da Babilônia; a segunda, de 700, provém do Egito. As outras pagam entre um mínimo de 170 (o sétimo *nomós*) e um máximo de 600 (o décimo quarto), com uma média de 300/400 talentos por província. O total para todo o império, em Heródoto, é de 14.560 talentos. Não há modo de conferir as cifras de Heródoto com fontes persas. Dario limita-se a declarar que as suas vinte e três *dahyāva* "por querer de Ahura Mazda eram meus *ba(n)dakā*, traziam-me *bāji*" (DB I, ll. 18-19 Kent) – termo que parece significar, literalmente, "porção" (a parte do rei) e que, portanto, corresponderia melhor ao grego *dasmós* do que ao termo usado por Heródoto, *phóros*, tomado da terminologia oficial da Liga de Delos. Mas não nos diz nem o que, nem quanto os súditos lhe traziam como *bāji*: está interessado somente em notar o fato da sujeição tributária de vinte e três países/povos.

As tabuinhas de Persépolis informam-nos mais sobre as despesas do tesouro do que sobre a receita. As delegações figuradas na *apadana* de Persépolis trazem oferendas em espécie – tecidos, vasos, animais etc. – que, aparentemente, não representam os tributos regulares. A cena do tributo, no assim chamado "Vaso de Dario" (hoje no museu de Nápoles), mostra dois carregadores em vestes orientais, um dos quais oferece três vasos ou urnas e o outro está para depositar na mesa um saco cheio de matérias preciosas (moedas?); no centro, senta-se um tesoureiro, que calcula o valor e mostra uma tabuinha na qual há um escrito, que aparentemente significa "cem talentos". A cena reflete a realidade burocrática do sistema tributário persa, visto por um artista da Magna Grécia, da época de Alexandre da

Macedônia, e ilustra pontualmente a noção da convertibilidade dos tributos em unidades monetárias[2].

Quanto às cifras de Heródoto, podemos somente refletir sobre o seu valor documentário. Apesar de extremamente valorizadas por muitos estudiosos, a nosso ver a sua credibilidade é muito baixa. Afora a cifra claramente simbólica (ou mística) de 360 (cf. os *nomói* 4°, 12° e 20°), equivalente ao número canônico dos dias do ano solar, e que, no máximo, pode atestar a unidade do ano fiscal (que, além do mais, é a unidade de tempo que está na base de todo catálogo de Heródoto), todas as outras cifras são muito arredondadas para serem confiáveis, e parecem calculadas a partir do que se sabia na Grécia, ou na Jônia, sobre a riqueza relativa de cada província. A Babilônia e o Egito, consideradas as satrapias mais ricas, ilustram a opulência do império, no qual uma única província paga ao Grande Rei mais do que toda a Liga de Delos a Atenas na época de Péricles. Acrescente-se a isso o uso de sistemas metrológicos diferentes (talentos babilônicos e eubóicos, taxa ouro: prata) e o total errado no cálculo de Heródoto. Portanto, é possível que a lista seja uma reelaboração diferenciada de um esquema muito mais simples, baseado em um total obtido, talvez, de um documento, e depois subdividido, de forma mais ou menos arbitrária, em vinte porções. Ou seja, as cifras de Heródoto possuem valor, para nós, principalmente para a compreensão da imagem grega da riqueza fabulosa do império aquemênida.

Independentemente desse fato, o tributo em talentos é apenas uma parte, talvez uma parte pequena, do total das prestações impostas às províncias. O catálogo de Heródoto é, com efeito, mesclado de dados sobre as prestações em espécie que algumas províncias mais ricas oferecem ao Grande Rei em acréscimo à cota em talentos. A Cilícia contribui com 360 cavalos brancos a mais; o Egito fornece os

---

2. Ver o estudo de M.-C. Villanueva-Puig, REA 91 (1989), p. 277-298, com ilustrações e bibliografia.

proventos da pesca do Lago Moeris e o trigo para a guarnição; a Babilônia fornece 500 meninos castrados. Em outras partes de sua obra, Heródoto dá-nos outras informações: diz-nos que a alimentação do rei e do exército era fornecida pelas províncias segundo um turno mensal, e que a Babilônia possuía como cota um terço do ano (I, 192, 1); que quatro grandes vilarejos babilônicos, isentos de outros impostos, fornecem alimento para os cães indianos do sátrapa (ibidem, 4); e que a cidade de Antila, no Egito, fornece o necessário para os calçados da rainha (II, 98, 1; para as cintas, segundo Ateneu, I, 33 F).

Através de fontes gregas posteriores, vem-se a saber que a alimentação do rei e de 15.000 comensais (mas não do exército) custava 400 talentos por dia (Ctésias, *FgrHist*, 688 F 39; Dinão, ibidem, 690 F 24), ou seja, 146.000 talentos ao ano, exatamente dez vezes o total anual dos tributos constantes em Heródoto: cifra fantasiosa, que talvez se relacione à tradição paródica sobre as refeições pantagruélicas persas, inaugurada por Heródoto (I, 133, 1-3) e por Aristófanes (*Acarnenses*, vv. 85 ss.)[3]. Vem-se a saber, ainda, que na Síria, na região de Alepo, um grupo de vilarejos ditos "de Parisatis"* fornecia a cinta da rainha, e que outras áreas vastas e férteis eram chamadas com o nome de "Cinta", "Véu" e outros adornos da vestimenta real (Xenofonte, *Anábase*, I, 4, 9; Platão, *Alcibíades*, I, 123 B-C). Na Armênia, um vilarejo criava potros para o rei (Xenofonte, ibidem, IV, 5, 24; cf. 34). A cidade de Aspendos, na Panfília, criava cavalos para o Grande Rei (Arriano, I, 26, 3), e a Capadócia contribuía com 1.500 cavalos, 2.000 mulas e 50.000 ovelhas por ano, em acréscimo ao tributo em talentos de prata (Estrabão, XI, 13, 8); e, como que simbolizando o poder universal, o Grande Rei fazia servir à mesa água do Nilo e do Danúbio (Dinão, ibidem, F 23 a-b). Notícias esporádicas e

---

[3]. Sobre a "Tábua do Rei" ver a contribuição de P. Briant em *Le tribut...*, p. 35-44.
*. Parisatis era a mulher do rei Dario Ocos. (N. da T.)

ocasionais, suficientes para nos dar uma idéia das prestações extras em espécie. Os gregos ficavam impressionados com a quantidade e qualidade dessas prestações. Leia-se, por exemplo, o seguinte fragmento de Teopompo (século IV a.C.):

> Qual cidade, ou qual povo da Ásia, não enviou delegados para o rei? Qual produto do solo, qual artefato belo e precioso não lhe foi levado como dádiva? São tantos os panos e tapetes suntuosos de púrpura, coloridos ou brancos, as tendas douradas acompanhadas com tudo o que é útil, os mantos e os leitos de valor. E também os pratos lavrados em prata e em ouro, os cálices e as crateras, de que terás visto alguns com pedras preciosas e outros fabricados com cuidado e luxo. Além disso, as inumeráveis miríades de armas gregas e bárbaras, a quantidade incalculável de animais de carga e vítimas engordadas para o abate, tantos barris de espécies, tantos [fardos] e sacos, folhas de papiro e todas as outras coisas úteis [para a vida]. E outras tantas carnes salgadas de todo tipo de vítimas, em tal quantidade que quem se aproxima de longe pensa ter diante de si morros ou colinas (*FgrHist*, 115 F 263 (a) Jacoby).

Este é um inventário selecionado, não necessariamente irônico, tão somente de produtos do solo, animais, artefatos, ou seja, tributos em espécie. Os dados sobre as prestações não monetárias, designadas pelos gregos com o termo *tagé*, segundo uma discutível hipótese moderna, são muito mais fidedignos, mercê do seu aspecto concreto, localização pontual e vivacidade pictórica, do que as cifras abstratas em talentos do catálogo de Heródoto. Eles parecem obtidos, em última análise, de inventários persas autênticos. Leia-se, neste sentido, a inscrição de Dario em Susa, na qual o Grande Rei enumera com ostentação (e segundo o exemplo de modelos epigráficos assírios) os materiais importados das províncias para a construção do palácio real: cedro do Líbano, outra madeira de Gandara e Carmânia, ouro de Sardes e da Bactriana, pedras ornamentais da Sogdiana, prata e ébano do Egito, ornamentos da Jônia, marfim da Etiópia, Índia e Aracósia, colunas de pedra do Elam (DSf §§ 3f – 3j Kent).

Os dados gregos sobre as prestações em espécie ilustram também o fenômeno da continuidade, a nível local, dos sistemas tributários do Oriente Médio, que remontam à época pré-monetária. A ligação direta entre a entrada de um determinado módulo do cadastro – uma cidade, um grupo de vilarejos, um lago – e uma determinada saída no balanço do estado é um mecanismo financeiro que os Aquemênidas várias vezes herdaram de seus predecessores. O provento da pesca do Lago Moeris, por exemplo, era destinado, já em época pré-aquemênida, à vestimenta da rainha. Em geral, o sistema tributário aquemênida tem uma pré-história, à qual ele deve algumas concepções básicas, como a distinção entre prestações em espécie e em metal precioso, a idéia de que a alimentação do rei é um dever dos súditos, a distinção entre tributos regulares e ofertas ou dádivas extraordinárias etc. Mas, principalmente, os dados sobre as prestações em espécie obrigam-nos a redimensionar o montante tributário total do império: foi dito, e não sem razão, que o total em Heródoto de 14.560 talentos anuais é somente a ponta do iceberg do edifício tributário persa[4].

Heródoto estava consciente da distinção entre "tributos" e "dádivas": os seus vinte *nomói* pagam tributos fixos, certas populações limítrofes – os etíopes, os colcos, os árabes – oferecem "dádivas" em espécie: ouro, ébano, incenso, rapazes, meninas. Estas dádivas, à parte o incenso dos árabes, não possuem equivalentes monetários fixos; o que não significa que, na realidade, fossem menos obrigatórios do que os "tributos". A diferença entre os dois tipos de prestação reduz-se praticamente a isto e à mensagem de propaganda implícita na distinção entre súditos tributários e "aliados" que oferecem dádivas, em teoria voluntárias, após um suposto "tratado", mediante o qual o Grande Rei se comprometia a respeitar a autonomia dos povos limítrofes em troca da oferta de dádivas. É uma distinção que,

---

4. R. Descat, em P. Briant e C. Herrenschmidt (eds.) *Le tribut...*, p. 83.

como a distinção entre "aliados-súditos" e "aliados-autônomos" na Liga de Delos, não encontra, na realidade das relações de força, nenhum significado concreto. Nas listas persas, os etíopes e os árabes são *dahyāva* portadores de *bāji*, como todos os outros povos súditos.

É, porém, importante notar a tradição presente em Heródoto, segundo a qual a oferta de dádivas não fixas era o sistema geral no império antes de Dario. Heródoto certamente quer contrapor a rígida estabilidade introduzida pelo "pequeno comerciante" Dario ao relaxamento paternalista da época de Ciro. Ou seja, a passagem de Ciro a Dario equivale à passagem da economia pré-monetária à economia monetária. O que não significa, porém, que também com Dario e sucessores grande parte dos tributos não continuassem a ser pagos em espécie: produtos, artefatos, animais, metais preciosos a peso. Do mesmo modo, como veremos em seguida, também os pagamentos efetuados pelo tesouro como salário permaneceram em grande parte em espécie. Só em certas áreas de economia monetária avançada – as cidades fenícias e gregas, Chipre, Egito, Babilônia – o tributo podia ser cobrado diretamente em moeda ou em lingotes: Policlito de Larissa, historiador de Alexandre, sabia disso quando escrevia que a cobrança do litoral é em prata, ao passo que a do interior é em produtos naturais, como especiarias, pêlos, tinturas, algodão e outros (*FgrHist*, 128 F 3 Jacoby). Heródoto estava obviamente bem informado sobre o lado jônico: conta-nos que, por volta de 492 a.C., o sátrapa de Sardes, Artafernes, fez medir o terreno em parassangas (unidade de cerca de 6 km) e fixou "os tributos que cada um devia pagar. Desde então, estes permaneceram constantes no país até os meus dias, assim como foram fixados por Artafernes: foram, com efeito, fixados mais ou menos como eram anteriormente" (VI, 42, 2).

Portanto, na Jônia o tributo foi estabelecido em relação à centuriação do interior agrícola, segundo um módulo de cadastro, sem, porém, que as estimativas anteriores resultassem desequilibradas: destaca-se claramente, nas palavras do historiador jônio, o elemento de continuidade no essencial, tanto em relação ao passado quanto ao futuro. Lembre-se que, no tempo de Heródoto, a Jônia era tributária de Atenas, e não da Pérsia, mas talvez o cadastro de Artafernes permanecesse na base do sistema também sob o novo regime por motivos pragmáticos[5]. É legítimo supor que a Jônia não fosse um caso excepcional, e que outras centuriações do gênero fossem realizadas no interior agrícola, ao longo das costas do Mediterrâneo oriental e em Babilônia; no Egito, existia um cadastro desde a época faraônica. Não temos informações quanto à parte oriental do império, mas é improvável que nas áreas pastoris e tribais fosse possível organizar levantamentos de cadastro em vasta escala.

Foi, provavelmente, graças à política cadastral que tudo taxava – terras, rios, lagos, canais, nascentes, minas, transportes, animais, adolescentes humanos – que Dario mereceu o epíteto de *kápelos*. Mereceu, diz Heródoto, porque "vendia tudo a varejo", "comerciava tudo" (*ekapéleue pánta tà prágmata*, III, 89, 2); e, como os lídios da época de Aliates e Creso, os inventores da moeda, tinham-se transformado em um povo de *kápeloi* (I, 94, 1), assim a atrelagem do tributo persa ao módulo de cadastro e à unidade monetária transformou o próprio Dario em um rei-*kápelos*.

Um conhecido exemplo de taxação hidráulica ilustra bem a nova mentalidade: Heródoto narra a respeito de uma planície na Corásmia, fechada por uma cadeia montanhosa, com cinco gargantas, através das quais as águas do rio Akes irrigavam os campos dos cinco povos da planície. O Grande Rei pôs comportas nas gargantas, cobrando, além do tributo regular, para que fossem abertas durante o verão, se e quando as delegações dos povos viessem lamentar-se em Susa (III, 117, 1-6). Nada mais permanece, deste retrato gracioso da política hidráulica aquemênida em Heródoto, vívido mas esquematizante e semi-fabuloso, do

---

5. Ver a importante análise do passo de Heródoto feita por O. Murray, Historia 15 (1966), p. 142-156.

que a impressão de uma fiscalidade avarenta. Há também outros testemunhos esporádicos da avidez da taxação persa: Heródoto acreditava que os babilônios viram-se reduzidos ao ponto de ter de prostituir suas filhas por falta de meios de subsistência (I, 196, 5), e Neemias lamentava-se que seu povo estivesse reduzido à escravidão e que os produtos do solo fossem todos para o rei da Pérsia (9:36-37). Mas no conjunto, e apesar das novas técnicas de taxação, não fica a impressão de que a fiscalidade aquemênida fosse mais vexatória do que as anteriores; e na literatura grega, de Heródoto a Xenofonte e a Plutarco, não falta uma corrente de tradição abertamente encomiasta do sistema tributário persa, modelo de sabedoria e justiça.

O conjunto do fisco aquemênida apresenta-se, à primeira vista, como uma "absorção gigantesca" (Pierre Briant) das riquezas, levadas das províncias para os tesouros reais centrais. Mas a absorção encontra uma compensação notável na redistribuição. Uma parcela considerável das receitas, talvez a maior parte, permanece nas províncias ou a elas retorna, e contribui indiretamente para o desenvolvimento econômico e cultural local. Uma outra parte acumula-se nos tesouros centrais. O processo de entesouramento era bem conhecido pelos historiadores gregos. Heródoto dá-nos sua primeira descrição:

o tributo é conservado e depositado pelo rei do seguinte modo: manda fundi-lo e derramá-lo em recipientes de cerâmica; quando o vaso está cheio, manda retirar a cerâmica que está a sua volta. E quando precisa de dinheiro, cunha cada vez a quantidade de que precisa (III, 96, 2).

Um século depois, Policlito de Larissa dá-nos uma descrição diferente:

a maior parte do ouro e da prata consiste em objetos, pouco em moeda: pensa-se que eles sejam preferíveis para as dádivas e para o depósito no tesouro, ao passo que a moeda, considerada segundo as necessidades, é cunhada na medida das despesas (*FgrHist*, 128 F 3 Jacoby).

Mas é possível ter uma idéia, mesmo que vaga, da percentagem da receita que é efetivamente entesourada? A quantia total em metal precioso que permanece nos tesouros reais, após a subtração de todas as despesas feitas pelos reis aquemênidas durante, aproximadamente, dois séculos, era, em 333-331 a.C., por volta de 180-190.000 talentos, dos quais cerca de dois terços no tesouro central de Persépolis e o resto nos de Susa, Damasco, Ecbátana e Pasárgada. Possuímos estas cifras graças aos historiadores de Alexandre, que presumivelmente visitaram os tesouros, mas elas permanecem para nós inverificáveis, e talvez contenham um elemento de fantasia. Porém, mesmo se tomadas *cum grano salis*, as somas apropriadas por Alexandre e desentesouradas em poucos decênios através da cunhagem maciça de moedas de ouro e prata podem, talvez, parecer fabulosas, se comparadas com o butim de outros grandes conquistadores antigos e medievais, não, porém, se comparadas com o total presumido das receitas reais em quase dois séculos de fiscalidade aquemênida. Se confiarmos nas cifras mencionadas acima e no total anual dos tributos dado por Heródoto (14.560 talentos x 180 anos = 2.620.800 talentos), devemos concluir que somente uma parte mínima (cerca de 14%) permanecera nos tesouros, graças à "poupança" média de cerca de mil talentos por ano, sem calcular a massa do "iceberg" que se esconde sob a cifra do total em Heródoto. Se um cálculo deste tipo possuísse algum fundamento, seria necessário redimensionar drasticamente toda a teoria da "absorção gigantesca" com vista ao entesouramento[6].

Para passar do ativo das receitas ao passivo das despesas no balanço imperial, cumpre considerar o testemunho das tabuinhas de Persépolis, infelizmente em grande parte ainda inéditas. Estas permitem conhecer as atividades finan-

6. Ver N. Cahill, "The Treasury of Persepolis: Gift-Giving at the City of the Persians", AJA 89 (1985), p. 373-389; C. Tuplin, "The Administration…", p. 138 e s. e n. 112; e, principalmente, F. De Callatäy, REA 91 (1989), p. 259-276.

ceiras do tesouro central de Persépolis durante o meio século, aproximadamente, que vai de 509 a 458 a.C. Os vários tipos de pagamento são, principalmente, em espécie (os equivalentes em moeda aparecem somente na série mais tardia, as *PTT*: ver lista das abreviações): rações mensais ou diárias de gêneros alimentares – trigo, ovelhas, vinho, cerveja – pagas em prestações fixas como salário, em retribuição de serviços, prestações e trabalhos de tipo variado, ou para o sustento de certos indivíduos ou grupos de pessoas. Compareçam, nas tabuinhas, trabalhadores da pedra e do bronze, operários dedicados à produção do vinho e da cerveja, pastores, moleiros, carregadores, servidores, costureiros, tecelãs, marceneiros, fabricantes de móveis, artesãos, mensageiros, contadores do tesouro. Entre as pessoas mantidas figuram também mulheres parturientes, mães e crianças: supõe-se que se trata, às vezes, de famílias inteiras dedicadas aos trabalhos. Nem sempre é claro o estatuto jurídico desta "mão de obra" (*kurtash* é o termo elamita). Alguns são trabalhadores livres pagos por dia, outros são prisioneiros deportados e empregados em trabalhos forçados e mantidos por dia: sírios, egípcios, jônios, skudros (= trácios), cários, capadócios, babilônios, árabes, indianos. Também na inscrição de Susa mencionada acima*, Dario lembra os babilônios que escavaram o terreno e cozeram os tijolos para o seu palácio, os assírios que transportaram o cedro do Líbano para a Babilônia e os cários e jônios que prosseguiram até Susa, os pedreiros jônios e de Sardes, os ourives medos e egípcios, os marceneiros de Sardes e do Egito, os oleiros babilônios, os ornamentistas medos e egípcios (DSf, §§ 3f – 3k Kent).

As tabuinhas documentam, além do mais, a presença de grupos de pessoas em viagem, algumas vezes muito numerosos, em direção ao Oriente, ao Ocidente, ao Egito, ou mesmo verdadeiras caravanas, com cavalos, mulas, camelos. Alguns percorreram o trecho entre Sardes e Susa da "Estra-

---

*. Cf. p. 111. (N. da T.)

da Real", outros, o trecho de Susa a Persépolis, outros vão a Bactriana, a Kandahar, a Índia. São muito mais numerosos os que chegam a Persépolis do que os que a deixam.

No extremo oposto da escala social, as tabuinhas de Persépolis fazem-nos conhecer um tipo completamente diferente de "assalariados" ou "raçoeiros": o tesoureiro chefe (*ganzabara*, em grego *gazophýlax*), cargo elevado revestido por um certo tempo, sob Dario, por Parnaka, filho de Arshama (Farnaces, filho de Arsames, provavelmente tio de Dario e pai de Artabazo: ver Heródoto, VII, 66, 2 etc.), o qual recebe uma ração diária muito mais alta do que o necessário para si: duas ovelhas, 180 litros de farinha e 90 litros de vinho, alimentos que o "assalariado" devia utilizar para os seus banquetes ou distribuir aos seus dependentes. Vários nomes de grandes nobres persas recorrem nas tabuinhas entre os beneficiários de lautas rações alimentares, alguns bem conhecidos pelas fontes gregas: Artavasdes, Góbrias, Aspátines, Artataicmes, Artasiras, Dátis; também uma filha de Dario, mulher de Mardônio (Artazostra, em Heródoto, VI, 43) é raçoeira, e o Grande Rei em pessoa – por que não, no final das contas? – tinha as refeições racionadas, com um cardápio inscrito em uma colona de bronze no palácio de Persépolis[7].

As tabuinhas de Persépolis permitem-nos conhecer uma das principais formas de pagamento em que se apóia o assim chamado "sistema salarial" persa: o pagamento em espécie de rações alimentares diretamente dos armazéns reais, ou no equivalente monetário do tesouro, por serviços prestados ao estado. Mas os tesouros também investem nas províncias. Por exemplo, financiam a rede viária, com suas numerosas estações (*stathmói*), grandes fazendas com hospedarias, caravançarais, estábulos, quartéis e armazéns, e o serviço postal real (*angaréia*), os mensageiros

---

7. Ver D. M. Lewis, "The King's Dinner (Polyaenus IV, 3, 32)", AH 2 (1987), p. 79-87 [e em D. M. Lewis, *Selected Papers in Greek and Near Eastern History*, ed. by P. J. Rhodes, Cambridge, 1997, p. 332-341. N. da T.].

céleres a cavalo, os transportes de pessoas e animais etc. Os tesouros centrais financiam também a obra de colonização com todas as suas componentes – o recrutamento da mão-de-obra, o incremento do cultivo agrícola e da arboricultura, as instalações hidráulicas etc.[8]. Também o financiamento das deportações em massa e do estabelecimento dos deportados em áreas não cultivadas, ou evacuadas por outras populações transferidas, deve correr por conta dos tesouros centrais, mesmo se a troca de populações, assim como o desenvolvimento econômico, interessavam diretamente à periferia. Mediante esses financiamentos, uma parte da receita retorna para as províncias.

Uma outra forma importante do sistema fiscal aquemênida permite deixar na província uma parte das receitas para despesas locais de tipo variado. Ou seja, o poder central renuncia a uma parte das receitas fiscais a favor dos governadores e governos provinciais, tanto como "salário" ou "ração" pelo serviço do pessoal da satrapia, quanto para novos investimentos locais. Por meio desses fundos, entesourados, acumulados ou armazenados em espécie pelos governadores distritais de todo grau, os governadores estavam em condição não somente de construir palácios suntuosos e levar, em sua corte, uma vida principesca que se tornou proverbial, imitando o luxo real, mas também manter uma vasta clientela de funcionários e dignitários subalternos e financiar uma grande quantidade de atividades agrícolas, de construção, cultuais e militares, no âmbito da província ou da circunscrição. Os palácios dos sátrapas de Sardes e de Dascílio eram naturalmente os mais conhecidos pelos embaixadores gregos e pelos jônios em geral, mas existiam outros em todas as capitais das satrapias, nas cidadelas, nas áreas rurais. Também os governadores de grau médio e baixo podiam permitir-se tais comodidades. As refeições e o número de convidados é um índice eloqüente

---

8. Sobre a colonização aquemênida ver os estudos de N.V. Sekunda, REA 87 (1985), p. 7-29, e AH 6 (1991), p. 83-143.

de riqueza e prosperidade econômica. Um governador de baixa categoria, como Neemias, na Judéia, vangloriava-se de não ter comido o "pão do *pkha*", ou seja, de não ter tido necessidade do sustento provido pelo seu superior (por sua vez, um subalterno em relação ao sátrapa do Transeufrates), e de ser capaz de hospedar, na própria mesa, até 150 comensais (5:14-19). Ou seja, este governador recebia uma parte do tributo pago pelos habitantes de sua circunscrição, que, ao invés de chegar ao *pkha* ou aos seus superiores, era depositada diretamente, por concessão do *pkha* e autorização do sátrapa, em seu tesouro e armazéns, para lhe permitir uma certa autonomia econômica em relação ao seu superior, um certo fasto de corte e o sustento de uma classe de dependentes.

O funcionário Gadata, na Lídia, era capaz de efetuar, com as próprias receitas, e por sua iniciativa, o transplante de árvores frutíferas do Transeufrates para a Ásia Menor, obra que o rei Dario elogiou publicamente, mesmo se desaprovava a taxação dos jardineiros sagrados de Apolo em Magnésia, que o funcionário havia imposto (isto também por iniciativa própria), presumivelmente para arredondar as receitas no setor de arboricultura (ML 12; cf. acima, capítulo 1, p. 56 e nota 12). A plantação de Gadata fazia parte, talvez, de um dos famosos "paraísos" (do grego *parádeisos*; *prds* em hebraico) tão admirados pelos gregos. O paraíso de Sardes foi planificado e cuidado em pessoa por Ciro, o Jovem, quando servia como *káranos* na Ásia Menor e recebia as receitas de várias cidades. Conhecemos, pelas fontes antigas, mais de duas dúzias de paraísos, da Ásia Menor à Média Atropátene, da Fenícia e Palestina à Síria e Mesopotâmia, da Índia à Sogdiana: verdadeiros viveiros de fruticultura e piscicultura exótica, com suas plantações e jardins ortogonais, casas, bosques, lagoas artificiais, rios e canais, reservas de caça cheias de animais selvagens, pássaros e peixes de todo tipo, centro de divertimentos de corte e exercícios da juventude persa da região.

Falamos acima, em um outro contexto, das iniciativas dos sátrapas no campo dos cultos (p. 42-43): aqui é suficiente notar o seu lado financeiro. Se adicionarmos as obras de edificação funerária, abundantemente documentadas pela arqueologia – as câmaras tumbais pintadas, os sepulcros escavados na rocha, os sarcófagos monumentais –, teremos uma idéia da série de iniciativas econômico-sociais e cultuais que os governadores distritais de todo tipo eram capazes de financiar com a parte do tributo real que permanecia na província a sua disposição. No campo militar, uma das tarefas principais dos sátrapas era o financiamento corrente das guarnições aquarteladas na província. Vimos que, segundo Heródoto, dos 500 talentos de prata que a Cilícia pagava anualmente ao tesouro real, 140 permaneciam na província para o financiamento da cavalaria de defesa, cujo responsável era o rei-vassalo. É muito provável que o caso da Cilícia não fosse uma exceção, porém um exemplo indicado pela fonte de Heródoto, que pode ser tomado como característico do sistema fiscal de que estamos tratando.

Afora isto, o sátrapa era autorizado, como vimos, a cunhar moeda para assoldadar tropas mercenárias e alistar forças de infantaria, cavalaria e arqueiros, também mediante a concessão, aos homens do exército, de receitas de terras, vilarejos ou cidades inteiras, em contrapartida ao serviço militar, pelo pagamento de impostos e pela participação na vida social da corte. Xenofonte estava ciente do funcionamento deste sistema nos seus tempos e atribuía sua origem ao fundador do império, que teria autorizado todos os sátrapas a imitá-lo nas várias esferas de atividade, e, em particular, organizando esquadrões de cavalaria e de cocheiros persas e "aliados", ou seja, indígenas, exigindo que todos os concessionários de terras e palácios se colocassem a seu serviço para qualquer exigência, que educassem os filhos em suas cortes, e que participassem da caça, dos exercícios e da vida social (*Ciropedia*, VIII, 6, 10-11) – estilo de vida aristocrático que Xenofonte aprovava plenamente.

Em torno da corte do sátrapa, e dos governadores subalternos, formava-se, pois, toda uma classe elitista e abastada de concessionários, ou seja, indivíduos que viviam de renda fundiária, desfrutando o tributo real retido na província. Classe culturalmente mista de elementos irânicos e indígenas, produto tanto da participação dos povos súditos na administração provincial, de que falamos, como da difusão dos matrimônios mistos nas classes altas e médias. A mistura é amplamente ilustrada pela arqueologia, pela epigrafia plurilíngüe, pela iconografia, e confirmada explicitamente pelas fontes gregas contemporâneas.

A Ásia Menor ocidental, conhecida pelos gregos mais do que outras províncias, é rica de exemplos concretos. Asidates era um fidalgo persa que, no início do século IV a.C., vivia em um castelo munido de torres na área de Pérgamo, onde havia acumulado enormes riquezas, cavalos, animais, servos, no centro de uma circunscrição de vilarejos dependentes e presumivelmente tributários diretos do castelo, e com uma praça de guerra como proteção de todo o conjunto fundiário. Um outro fidalgo persa, Espitridates, dispunha de um esquadrão de duzentos cavaleiros.

Outros fidalgos eram indígenas, mistos ou imigrados de outros países. Segundo certas versões conhecidas pelos historiadores gregos, os grandes reis vencidos pelos primeiros Aquemênidas, depostos e "desenraizados" (*anaspastoí* é o termo grego; *shrsh* é o termo aramaico para a pena do "desenraizamento", ou deportação forçada) de suas pátrias, teriam se tornado, em outras províncias, concessionários-rentistas, com ou sem funções administrativas em sua circunscrição e guarnições próprias. É neste sentido que Ctésias (*FgrHist*, 688 F 9(5) Jacoby) descreve a sorte de Creso, que se tornou senhor da cidade de Barene junto a Ecbátana, ou seja, concessionário das receitas desta circunscrição meda, defendida por uma grande guarnição de 5.000 cavaleiros e 10.000 infantes, incluindo peltastas, lanceiros e arqueiros. Nabonido, segundo Flávio Josefo, teria recebido a Carmânia como "domicílio", e Astíages, o governo da

Hircânia. O rei-vassalo da Paflagônia, Otis, famoso comilão, comandava, em 395 a.C., um esquadrão de mil cavaleiros. Na Lícia, formou-se uma dinastia mista lício-irânica; em Celene, na Frígia, vivia o nababo Pítio, que, se acreditarmos nas fontes de Heródoto e Plutarco, era um grande proprietário de terras e de servos, governador subalterno de uma área cuja população dependente era empregada na exploração agrícola, industrial e de minas de ouro, vinculado pessoalmente ao Grande Rei através de dádivas recíprocas e privilégios, com obrigações de hospitalidade e serviço militar, e comemorado, após sua morte, com um suntuoso monumento tumbal chamado "Pitiópolis".

Entre os outros fidalgos da Ásia Menor aquemênida que conhecemos, destaca-se a categoria dos exilados políticos gregos, que nos séculos V e IV haviam procurado e obtido asilo e concessões de receitas de terras e cidades. No tempo de Ciro, o Grande, Pitarco de Cízico recebia, diz-se, as receitas de sete cidades, ou aldeias, da Tróade persa. Metíoco, filho de Miltíades, recebeu de Dario uma residência de governo com bens fundiários e uma mulher persa, da qual teve filhos reconhecidos como persas; e o macedônio Aminta, chamado "da Ásia", neto de Alexandre Fileleno, recebia as receitas de uma cidade frígia e tinha também uma mulher persa. Os descendentes do rei espartano exilado, Demarato, detinham, ainda no final do século IV a.C., as receitas de várias cidades da área de Pérgamo e gozavam do direito de cunhar moeda. Talvez o caso mais clamoroso seja o de Temístocles, o herói de Artemísio e Salamina, que se exilou na Pérsia por volta de 470 a.C., tornando-se genearca de uma dinastia na Ásia Menor ocidental, com prováveis funções administrativas, obrigações de serviço militar, direito de cunhagem (atestado através da numismática) e plena liberdade no campo cultual. Para o financiamento, Temístocles teria tido a concessão dos proventos de seis cidades: Magnésia no Meandro pagava-lhe 50 talentos por ano "para o pão", Lâmpsaco fornecia-lhe o vinho e Miunte o peixe; outras três cidades da Tróade ofereciam o leito e o vestuário. Mas, visto que algumas destas cidades pagavam desde 478 a.C. o tributo para a Liga de Delos, suas receitas praticamente não podiam ser cobradas por Temístocles e descendentes até 412 a.C. (ver, acima, nota 5). Entre os outros casos do mesmo gênero, lembremos o de Gôngilos, o único estadista medizante de Erétria em 490 a.C., exilado na Pérsia e depois mediador entre Pausânias espartano e Xerxes. Gôngilos teria recebido do Grande Rei (através do sátrapa local) as aldeias de Grineu e Mirina na Tróade; mas os seus descendentes detinham, no tempo de Xenofonte, as cidades de Gambreio e Paleogambreio, com direito de bater moeda. Todavia, neste intervalo de tempo Grineu tinha sido concedida a Alcibíades pelo sátrapa de Dascílio, Farnabazo, com a receita inadmissível de 500 talentos. Um caso pitoresco é o de Mania, viúva de Zênis, fidalgo na Tróade, com centro em Dárdano: Xenofonte chama-a "satrapisa", mas, na realidade, era uma governadora subordinada ao sátrapa Farnabazo, que recebia as receitas de várias cidades da Tróade, pagava o devido tributo ao sátrapa e comandava uma unidade de oito mil homens[9].

Parece que, em geral, somente uma percentagem fixa das receitas permanecia na província, ou na circunscrição, para uso dos governadores. Mas, em alguns casos excepcionais, a crer nas fontes gregas, alguns governadores desfrutavam do privilégio de receber inteiramente as receitas de seu distrito ou até mesmo de uma satrapia, a título de remuneração por favores particulares prestados ao Grande Rei. Quando Zópiro, o Velho, foi nomeado sátrapa de Babilônia por Dario, teria recebido também a *atéleia* (nos termos de Heródoto), ou seja, a isenção dos impostos: interpretação grega do sistema salarial persa. Também Tanioxarques (o equivalente, em Ctésias, de Bardiya, irmão de Cambises) teria obtido do pai quatro províncias *ateléis*; e o famoso privilégio concedido à casa de Otanes, de perma-

---

9. Para uma coleção de fontes sobre este tipo de concessões ver D. Asheri, *Fra ellenismo e iranismo*, p. 78 e s.

necer "livre", ou seja, autônoma e isenta de tributo, deve ser entendido no mesmo sentido, dado que os descendentes, aparentemente, desfrutavam do privilégio na Capadócia por muitas gerações. Há também o caso de populações inteiras isentas do tributo como recompensa por serviços excepcionais: os ariaspes, por exemplo, no Irã oriental, teriam obtido de Ciro a isenção dos impostos[10].

Essas isenções são afins à categoria das "dádivas": não dádivas de povos súditos ou "aliados" do Grande Rei, de que falamos acima*, mas dádivas que o Grande Rei e os governadores concedem a indivíduos ou a comunidades inteiras, tanto em reconhecimento de méritos excepcionais no passado, quanto em vista de relações pessoais ou políticas no futuro. As dádivas típicas oferecidas pelo Grande Rei e pelos sátrapas são objetos de metal precioso e outros objetos preciosos acumulados nos tesouros: afirma-o Policlito de Larissa no fragmento que citamos acima (p. 115). Os beneficiários são normalmente personagens benquistos pelo rei ou pelo governador: "hóspedes", "amigos", "aliados", "benfeitores", estadistas e embaixadores estrangeiros etc. Os historiadores gregos repetem com prazer listas convencionais de dádivas típicas persas concedidas aos beneficiados: taças, pulseiras, colares, tiaras, rédeas de ouro e prata, espadas com bainhas decoradas, vestes medas e persas, mantos de púrpura, divãs com pés de ouro ou prata, tendas coloridas e luxuosas, carruagens e, naturalmente, dáricos de ouro e siglos de prata. Mas também o convite a um banquete vale como uma "dádiva", para não falar do matrimônio com uma filha do rei ou com uma nobre persa, da inscrição no livro dos "benfeitores", de um assento na corte em presença do rei, ou das isenções e privilégios de que falamos acima**.

---

10. Para este e outros exemplos de isenção ver a contribuição de J. Wiesehöfer, em P. Briant e C. Herrenschmidt, op. cit., p. 183-191.
*. Cf. p. 112 e s. (N. da T.)
**. Cf. p. 124-125. (N. da T.)

No mundo grego, o ouro persa tornou-se emblemático. O médico de Crotona, Democedes, e o lídio Pítio receberam-no aos montes por seus serviços, mas Silosonte de Samos teria recusado o ouro que lhe era oferecido para obter novamente sua cidade, e, com efeito, nela reinou como tirano-vassalo do Grande Rei. A concessão de dádivas não é limitada ao círculo dos grandes personagens ou estadistas estrangeiros: o império aquemênida é um exemplo clássico de "civilização da dádiva", em que todos os homens de poder, os proprietários e os detentores de bens e riquezas concedem dádivas a seus dependentes ou as trocam entre si, mais ou menos regularmente ou em ocasiões particulares, em sinal de amizade, colaboração, aliança e interdependência. Doações, em teoria, voluntárias e desinteressadas, mas, na realidade e na mentalidade social do império persa – como em tantas outras civilizações tradicionais, tribais e pré-capitalistas em geral –, as dádivas valem como prestações que vinculam as duas partes de um contrato. Uma obrigação dar, uma obrigação receber, uma obrigação retribuir: uma recusa ou uma falta equivalem a uma ofensa, a um ato de felonia, a uma declaração de guerra. Portanto, a "dádiva" é, na realidade, um empréstimo, um depósito, um penhor. Uma dádiva material pode ser retribuída também com um benefício imaterial: a hospitalidade, o apoio político ou militar são boas formas de retribuição.

Ciro, o Jovem, concede a Siénesis, o rei-vassalo da Cilícia, dádivas "dignas de um rei": um cavalo com rédeas de ouro, um colar, pulseiras e espada de ouro, uma veste persa, e promete também não devastar o seu território e restituir os escravos capturados; Siénesis retribui pagando o soldo das tropas de Ciro (Xenofonte, *Anábase*, I, 2, 27). Todo ano, o Grande Rei oferece dádivas a certas tribos das montanhas do Luristão e do Zagros, que retribuem não praticando o banditismo[11]. A capilaridade do sistema é total.

---

11. Ver P. Briant, *Etat et pasteurs au Moyen Orient ancien*, Cambridge-Paris, 1982, p. 81-94; H. Sancisi-Weerdenburg, "Gifts in the Persian Empire", em *Le tribut...*, p. 129-146. Sobre as civilizações da dádiva veja-se o

Por ocasião de festas e comemorações, como o aniversário do rei, a ascensão ao trono ou a investidura do príncipe herdeiro, a oferta de dádivas, banquetes, distribuições de alimentos etc., pode atingir um vasto círculo de hóspedes e comensais. Segundo Heródoto, o Grande Rei distribuía dádivas aos persas que eram pais de numerosos filhos; ou demonstrava a sua prodigalidade com simples súditos por causa de atos particulares de deferência. A troca ritual de dádivas é atestada no livro de *Ester* também para as comunidades judaicas na Pérsia.

Na consciência dos gregos, o ouro persa simbolizava, em época aquemênida, o que, em época anterior, havia simbolizado o ouro de Giges e Creso. Simbolizava as riquezas orientais, fabulosas e exóticas, e sua força sedutora irresistível: fascínio e temor dos *dona ferentes*, latentes em toda civilização tradicional em contato com o luxo ("quem odeia as dádivas, viverá", sentenciava um sábio anônimo oriental: *Provérbios*, 15:27).

A historiografia, o direito, a retórica da Grécia clássica, sobretudo no século IV, testemunham eloqüentemente esta obsessão com o ouro persa. Na origem, está a experiência prática dos contatos diplomáticos, militares, políticos e culturais entre as cidades-estado (e seus estadistas) e os monarcas e sátrapas persas. A mentalidade dominante no mundo grego é, substancialmente, a mentalidade comum a todas as "civilizações da dádiva", incluída a persa. Também para os gregos, a dádiva cria uma obrigação. Quem recebe liga-se ao doador, submete-se a ele, torna-se seu agente, o *phílos*, o *xénos*, o porta-voz, o sequaz, o colaborador. A regra é conhecida: Heródoto coloca-a na boca do rei dos Etíopes (III, 21, 2).

Talvez a consciência do perigo político do ouro persa estivesse presente na Grécia desde a época das guerras persas, se é verdade que os atenienses, no inverno de 480/479

---

famoso ensaio de M. Mauss, *Essai sur le don, forme archaïque de l'échange*, Paris, 1925.

a.C., haviam declarado que não trairiam a "grecidade" por todo ouro do mundo (Heródoto, VIII, 144, 1-2). Antes da batalha de Platéia, Artabazo e os tebanos teriam dado a Mardônio o conselho de distribuir, aos estadistas gregos, ouro e prata para convencê-los a "renunciar à liberdade" e evitar, desse modo, a necessidade de um conflito armado (ibidem IX, 41, 3-4). Essa obsessão está na origem da *graphé dóron*, ou *dorodokías*, o ato de acusação escrita ateniense, que todo cidadão podia apresentar contra oradores, estadistas, e, em particular, embaixadores, culpados por terem aceitado dádivas para trair ou prejudicar de outro modo os interesses da pátria.

Não sabemos exatamente quando esse procedimento foi introduzido, mas os primeiros escândalos de corrupção remontam à metade do século V[12]. O desertor persa Roisakes não conseguiu corromper Cimão com dois vasos cheios de ouro e prata, e, em 456 a.C., Megabazo tentou, em vão, convencer os espartanos, com dinheiro, a invadir a Ática; mas, pouco depois, explodia o escândalo clamoroso de Ártmio de Zeléia, culpado por "ter importado ouro no Peloponeso". Fala-se comumente de uma verdadeira invasão do ouro persa na Grécia durante o quarto de século que vai do tratado entre Esparta e a Pérsia, em 412 a.C., à "Paz do Rei", em 387/386. Se acreditarmos em Xenofonte, o sátrapa Titrauste teria, em 395 a.C., mandado distribuir ouro na Grécia no valor de cinqüenta talentos de prata, destinando-o a alguns estadistas tebanos, coríntios e argivos, para convencer essas cidades a mover guerra contra Esparta (a "guerra de Corinto"); e contava-se que, quando Agesilau foi chamado a Esparta, teria declarado, em tom jocoso, que havia sido expulso da Ásia Menor por dez (ou trinta) mil

---

12. Ver D. M. MacDowell, "Athenian Laws about Bribery", em *Revue Internationale des Droits de l'Antiquité* 30 (1983), p. 57-78 ; F. D. Harvey, "*Dona Ferentes* : Some Aspects of Bribery in Greek Politics", em *Crux. Essays Presented to G.E.M. De Ste Croix* (edd. P.A. Cartledge and F. D. Harvey), Exeter, 1985, p. 76-117.

"arqueiros" (as moedas de ouro persas com o emblema do arqueiro)[13].

Mas o fenômeno continua a manifestar-se também depois. Tornou-se famoso o caso do ateniense Timágoras, que, em 367 a.C., teria recebido de Artaxerxes II Mnêmon dez mil dáricos, oitenta vacas com ordenhadores, um divã com pés de prata, com suntuosas cobertas e criados, e teria sido acompanhado em liteira até o mar: os atenienses condenaram-no à morte, por este ou outro pretexto (Plutarco, *Artaxerxes*, 22, 9-12; *Pelópidas*, 30, 9-11). Êntimo de Górtina não ficou atrás: além de um divã semelhante, recebeu do Grande Rei uma tenda com dossel estrelado, um trono de prata, um pára-sol dourado, vinte taças de ouro e outras vinte de prata com gemas engastadas, crateras de prata, cem meninas e igual número de meninos, seis mil moedas de ouro e toda a alimentação quotidiana necessária (Fênias de Éreso, fr. 27 Wehrli). Os casos de estadistas gregos incorruptos e incorruptíveis – um Cimão, um Pelópidas, um Fócion – contam-se nos dedos; e o pragmatismo amoral e cínico que prevalece no século IV reflete-se em uma quantidade de anedotas e ditos espirituosos. Basta um só exemplo: o demagogo ateniense Epícrates não teria negado que recebera ouro e prata do rei, mas teria, ao contrário, proposto, na assembléia, que se elegessem, cada ano, em lugar dos nove arcontes, nove embaixadores, escolhendo-os entre os mais pobres e mais democráticos, enviando-os ao rei para que se enriquecessem com suas dádivas: o demos riu, mas o demagogo foi condenado à morte sob a acusação de "falsa legação" (*graphé parapresbéias*)[14].

Seria simplista colocar o problema da natureza de certas nuanças de mentalidade a respeito da dádiva com os

---

13. Xenofonte, *Helênicas*, III, 5, 1-2; cf. Plutarco, *Artaxerxes*, 20, 4-6. Para uma avaliação diferente do papel do ouro persa nesta ocasião, ver *Helênicas de Oxirinco*, VII, 2-5. A anedota de Agesilau está em Plutarco, *Agesilau*, 15, 6; *Artaxerxes*, 20, 6; *Moralia*, 211 B.

14. Hegesandro, *FHG*, IV, p. 414 (fr. 7) [= Ateneu, VI, 251 B, N. da T.]; Plutarco, *Pelópidas*, 30, 12.

termos esquemáticos, e ideologicamente condicionados, do contraste cultural entre despotismo e devassidão oriental e civismo e austeridade ocidental. Na realidade, como dissemos, um contraste desse tipo nunca existiu. Também o "mundo de Ulisses", caro aos antropólogos da Grécia arcaica, foi uma "civilização da dádiva"; e, em plena época clássica, a troca de dádivas, as ligações de interdependência entre indivíduos, famílias, descendentes e facções, a obrigação de hospitalidade, são elementos fundamentais da instituição tipicamente grega da *xenía*. O ouro ocidental de Felipe de Macedônia competiu com sucesso com o ouro oriental do Grande Rei, superando-o logo, na mentalidade grega, como símbolo de corrupção. A dádiva em si, como elemento convencional-simbólico do protocolo diplomático, foi sempre reconhecida pelas cidades-estado gregas em suas relações com os monarcas, orientais ou ocidentais. Ou seja, foi sempre considerado lícito, ou melhor, justo, aceitá-la, com a condição de que a retribuição obrigatória não excedesse os limites das relações estritamente pessoais entre *xénoi*. Obviamente, entre a dádiva lícita e a dádiva ilícita em prejuízo do Estado há uma zona mediana muito arriscada para os embaixadores e estadistas. Por outro lado, a idéia de "corrupção", no sentido de uso ilícito de dádivas para influir no domínio público contrariamente ao próprio dever, é claramente pressuposta pela doutrina aquemênida da justiça imparcial, e reflete-se bem nas anedotas de Dario citadas acima (p. 93-94), ou na anedota da punição exemplar infligida por Cambises ao juiz corrompido Sisamnes (Heródoto, V, 25). A diferença entre o comportamento monárquico e o comportamento cívico da cidade-estado não parece, portanto, irreconciliável nos confrontos da dádiva, como pode parecer, à primeira vista, com a leitura de certas invectivas retóricas gregas.

Neste ponto, impõe-se uma tomada de posição sobre o discutido problema do assim chamado "feudalismo" do império aquemênida. Obviamente, fenômenos como a estrutura piramidal hierarquizada dos governadores e dos governos, a supremacia de uma classe nobre militar persa, o sistema fiscal prevalentemente em espécie nas suas duas faces, tributária e salarial, os trabalhos forçados nas propriedades reais, as obrigações militares dos concessionários de terras, a civilização da dádiva, as ligações pessoais de interdependência, trazem à mente a noção de "feudalismo". Como hoje admite-se falar de "feudalismos", no plural, e, comparativamente, para todos os períodos e continentes, da Inglaterra ao Japão, não se vê por que o termo não possa aplicar-se também às estruturas econômico-administrativas do império persa, independentemente do problema da definição deste império em termos de "centralismo" ou "autonomismo"[15].

Todavia, cumpre fazer duas reservas importantes. A primeira, é que o sistema tributário persa não é, em si, um elemento que determina o estatuto jurídico da terra. Ou seja, não se deve inferir, do fato de que a terra deve tributo ao Grande Rei ou, por sua concessão, ao governador distrital, que no estado persa o Grande Rei fosse o único proprietário fundiário e que todos os outros – sátrapas, governadores subalternos, concessionários privados, comunidades rurais, cidades, áreas templares – fossem arrendatários vassalos e enfeudados. Todas as concessões de que falamos são, como repetimos várias vezes, concessões de receitas em produtos do solo etc., ou de equivalentes monetários, não de direitos de propriedade fundiária legal. Quando o Grande Rei oferece, em dádiva, cidades e terras, oferece, na realidade, a receita, total ou parcial, proveniente das mesmas. Pode-se falar de um verdadeiro patrimônio real, com relativa certeza, somente em relação aos palácios, paraísos, fortalezas militares, armazéns, estrebarias, pastagens reais, as "estações" da rede viária e a própria rede, as fontes de asfalto, as minas, as florestas, os canais, as terras

---

15. Cf. P. Briant, *Rois, tributs et paysans. Études sur les formations tributaires du Moyen Orient ancien*, Besançon-Paris, 1981, p. 95 e s. Para o "feudalismo" na Babilônia aquemênida, ver M.W. Stolper, *Entrepreneurs and Empire...*, e F. Joannes, Transeuphratène 3 (1990), p. 184-185.

confiscadas aos rebeldes, ou seja, em relação a âmbitos territoriais delimitados espalhados por todo o império. Todo o resto é legalmente propriedade privada e tributária – *ager privatus vectigalisque** (desculpem-nos por este brusco salto de um império para outro) – no interior das estruturas semi-autônomas reconhecidas com os respectivos territórios.

A segunda reserva é que no império aquemênida falta a servidão da gleba como sistema geral institucionalizado. Os trabalhos forçados dos deportados e o pouco que subsiste de condição servil em nível local – servos sagrados dos templos, populações rurais subjugadas (os assim chamados *laói* da Ásia Menor, os mariandinos de Heracléia Pôntica) – são fenômenos marginais, utilizados ou reconhecidos, segundo o caso, por motivos pragmáticos. Feitas estas duas reservas, não há motivo para se opor ao uso do termo "feudalismo", a despeito do anacronismo, como referência generalizante às estruturas econômicas e administrativas de que tratamos neste capítulo.

---

*. Expressão do sistema tributário romano, indicando a possibilidade de venda de terras públicas, submetidas a impostos e transmitidas em herança, mas não revendidas. (N. da T.)

EPÍLOGO

Nos dois séculos de história do império aquemênida, o divisor de águas é o biênio 480-479 a.C. Este biênio de guerras greco-persas marca, de forma emblemática, o limite entre o lado de ascensão-expansão e o lado de declínio-retração. Trata-se de uma periodização histórica de clara matriz patriótico-didática grega, que ainda hoje é geralmente aceita nas sínteses modernas de história persa. Devemo-la aos historiadores, filósofos e oradores gregos contemporâneos. O pressuposto teórico é que todo organismo biológico, social ou político, nasce, cresce, atinge o seu acme, fenece e morre.

Tanto o crescimento quanto o deperecimento têm suas causas. No caso do império aquemênida, os intelectuais gregos tendiam, por motivos didáticos, a identificar a causa no tipo de *paidéia* dado às jovens gerações da nobreza persa: *paidéia* de virtudes austeras e militares ou *paidéia* de devassidão e afeminação. Os termos-chave são *areté* e *tryphé*.

Heródoto acreditava que, no tempo de Ciro, os persas fossem um povo rude, viril, ignorante das atividades mercantis, por conseguinte capaz de submeter facilmente os reinos lídio e babilônico, enfraquecidos pela opulência e devassidão dos costumes. Enquanto a *paidéia* persa se organizou em torno de seu famoso *trivium*, cavalgar, atirar com o arco, dizer a verdade, ela revelou-se superior tanto à *paidéia* lídia, tocar a cítara, tocar o saltério, comerciar, quanto à *paidéia* babilônica, tocar a cítara e a flauta, prostituir as mulheres, comerciar vestes sinuosas. Mas, com o passar do tempo, o expansionismo enfraqueceu o conquistador. Os tributos, as dádivas, o butim, as riquezas fabulosas, a vida palaciana, o poder sem oposição, a *hýbris*, transformaram inevitavelmente o seu caráter. O coro dos *Persas* de Ésquilo observa, com angústia, que os súditos não respeitam mais as leis, não pagam mais os tributos, não se prosternam mais diante do rei (vv. 584-590) – um desejo irrealizável, mas extremamente significativo, na Atenas de 472 a.C.

Nas suas *Histórias*, Heródoto narra os acontecimentos relativos ao expansionismo persa fracassado. Os reis dos povos agredidos admoestam o agressor. Aristágoras de Mileto declara que falta aos persas a força militar. Demarato de Esparta adverte Xerxes sobre os riscos inerentes ao despotismo e ao gigantismo numérico. Um outro espartano, Pausânias, contrapõe o fasto dos banquetes persas à frugalidade da refeição espartana. Os nobres persas combatem vigorosamente nas Termópilas, mas a massa é obrigada a avançar sob os açoites dos oficiais. Tudo isto demonstra que o caráter pouco marcial dos persas era uma noção preconcebida muito difundida na Grécia, no tempo de Heródoto, talvez já na geração anterior. A idealização de Ciro, por um lado, e a censura moralizante da decadência sucessiva, por outro, tornaram-se clichês de literatura didática e de uma certa historiografia retórica. O último capítulo da *Ciropedia* de Xenofonte (VIII, 8) e o trecho persa nas *Leis* de Platão (III, 693 C – 698 A) ilustram adequadamente uma nova fase desta tópica, que não parou de prosperar também nas gerações posteriores, especialmente na geração das testemunhas oculares da queda final do império persa.

Esta visão moralizante da decadência persa foi oportunamente colocada a serviço da ideologia política dos oradores do século IV. Nas pegadas do velho partido cimoniano, Isócrates reitera a convicção do caráter ilusório da potência persa, simples fruto da discórdia grega. A Grécia unida, com os seus grandes pilares de Atenas e Esparta, seria capaz de derrotar o exército do Grande Rei, de conquistar, com as armas, o império persa (ou, pelo menos, a sua parte ocidental) e colonizá-lo com massas de emigrantes proletários gregos. As grandes vitórias da Grécia unida em 480-479 a.C. seriam a prova histórica mais evidente deste fato. Uma prova mais recente seria a marcha de retorno à pátria dos Dez Mil Homens de Xenofonte, evento célebre várias vezes citado para corroborar a tese de que todos os que quiserem mover guerra contra os persas podem se locomover facilmente pelo país sem encontrar o inimigo. Uma outra prova seriam as campanhas de Agesilau na Ásia Menor. Com estes e outros exemplos históricos, os oradores áticos queriam demonstrar a fragilidade do grande império.

Chegavam também os relatos dos embaixadores gregos que voltavam de Susa ou de Persépolis, descrevendo a suposta situação atual. O embaixador da Arcádia, Antíoco, referiu, em 367 a.C., à assembléia do povo, proverbialmente o mais frugal entre os povos gregos, que tinha visto, no palácio do Grande Rei, uma grande quantidade de padeiros, cozinheiros, distribuidores de vinho, porteiros, mas não homens capazes de combater. Os banquetes pantagruélicos do Grande Rei, a influência das mulheres – a rainha-mãe, a mulher, a concubina preferida – e dos eunucos, as intrigas e conjuras da corte e do harém, tornam-se, de prato de acompanhamento nas *Histórias* de Heródoto, o prato principal nos *Persiká* de Ctésias, onde toda a história do império desenrola-se nos aposentos do palácio.

O reino dos últimos Aquemênidas, como o de Belshazar, parecia, enfim, contado, pesado e já entregue a outros. Tese didática, ao serviço da ideologia combativa pan-helênica (e, eventualmente, filomacedônica) do século IV. Mas seria, por isso, uma tese necessariamente falsa, "impressionista", como se diria hoje? É certo que todas as fontes de história fatual sobre os acontecimentos políticos e militares dos últimos cento e cinqüenta anos de história aquemênida contribuem para o registro de retiradas, evacuações, revoltas dos sátrapas, tentativas de reconquista de áreas perdidas, repressões de revoltas, crises dinásticas. Um outro fato é que também uma fonte oriental, o livro de *Ester*, com o seu espírito moralizador e patriótico judeu-helenizante, traça um retrato da corte real e do Grande Rei não diferente, no essencial, das fontes gregas. Mas, acima de tudo, o fato surpreendente e inesperado, de que a grande monarquia universal foi abatida em três anos por um exército de poucas dezenas de milhares de homens, confirma retroativamente a impressão dos autores gregos, de Ésquilo a Isócrates, de que o império se apoiava, como a estátua no sonho de Nabucodonosor, em pés de argila.

Os intelectuais gregos tinham, pois, intuído e diagnosticado corretamente. A sua etiologia era certamente errada: a degeneração da antiga *paidéia* ou virtude é um sintoma, não a causa. Nós, modernos, somos mais propensos a procurar as raízes de todo mal-estar sócio-político não nas virtudes dos grandes indivíduos, mas nas estruturas econômico-administrativas, nos pluralismos étnico-culturais, na falta de homogeneidade cultural, nas forças centrífugas, nos autonomismos regionais: em resumo, no complexo de tensões entre centro e periferia. Mas então foi Dario, o grande defensor do centralismo monárquico consagrado por Ahura Mazda, quem lançou os fundamentos destas mesmas estruturas que, quando faltou a energia e a vocação do poder central, prepararam a desintegração e o desmantelamento final: uma burla, ou a dialética, da história.

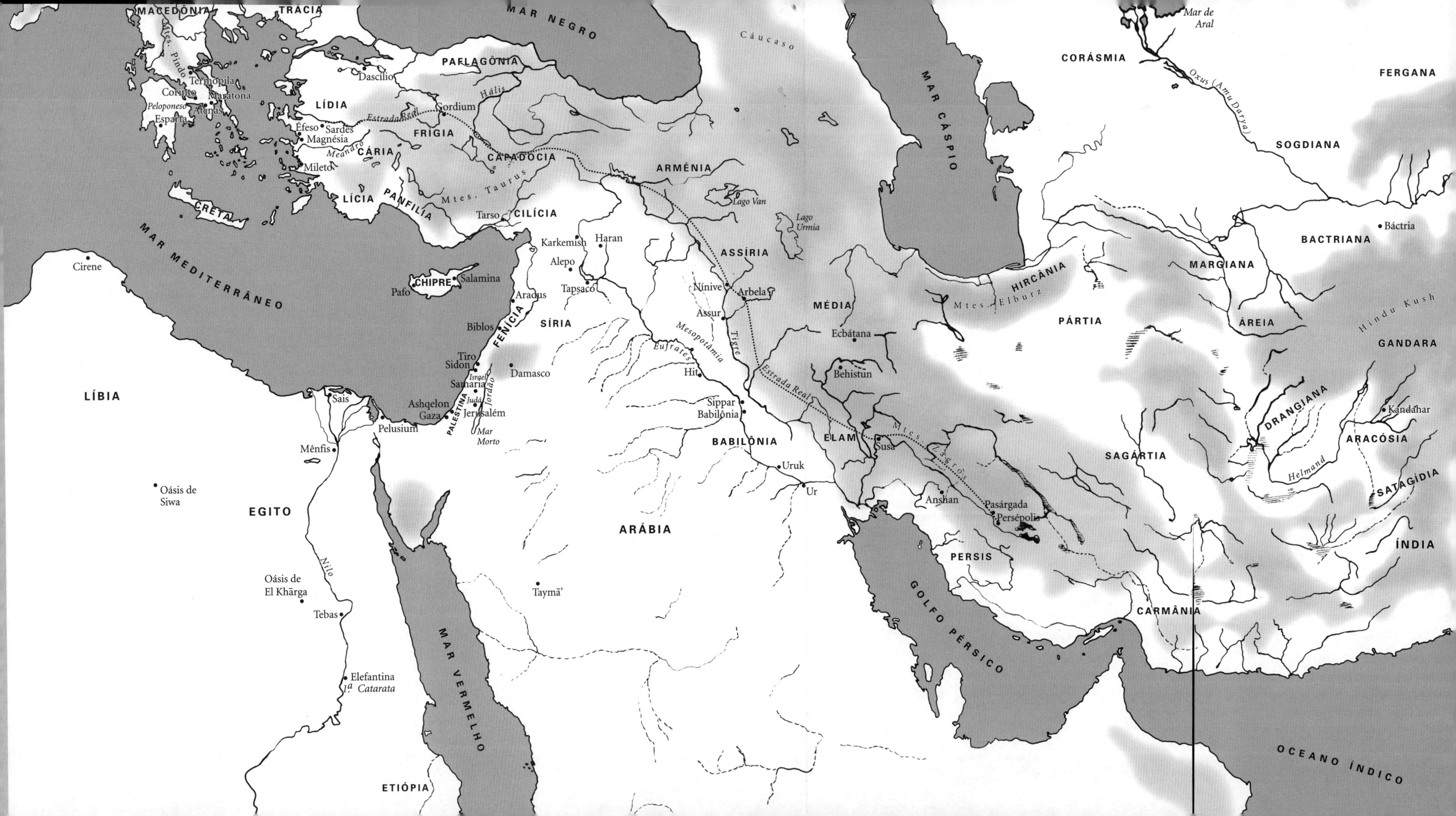

MACEDÔNIA
TRÁCIA
MAR NEGRO
Cáucaso
Mar de Aral
CORÁSMIA
FERGANA
Mtes. Pindo
Termópila
Corinto
Maratona
Peloponeso
Atenas
Esparta
Dascílio
PAFLAGÔNIA
Hális
LÍDIA
Gordium
Estrada Real
Éfeso
Sardes
Magnésia
FRÍGIA
Meandro
CÁRIA
CAPADÓCIA
Mileto
ARMÊNIA
MAR CÁSPIO
Oxus (Amu Darya)
SOGDIANA
LÍCIA
PANFÍLIA
Mtes. Taurus
Lago Van
CRETA
Tarso
CILÍCIA
Lago Urmia
Báctria
BACTRIANA
MAR MEDITERRÂNEO
Karkemish
Haran
ASSÍRIA
Cirene
Alepo
MARGIANA
CHIPRE
Salamina
HIRCÂNIA
Pafo
Tapsaco
Nínive
Arbela
Aradus
Mtes. Elburz
Assur
MÉDIA
PÁRTIA
ÁREIA
Hindu Kush
Biblos
SÍRIA
FENÍCIA
Mesopotâmia
Tigre
Ecbátana
GANDARA
Eufrates
Tiro
Sidon
Damasco
Hit
Estrada Real
Behistun
Israel
Samaria
Jordão
LÍBIA
Judá
Sais
Ashqelon
Sippar
Gaza
Jerusalém
Babilônia
Kandahar
PALESTINA
DRANGIANA
Pelusium
Mar Morto
ELAM
Mtes. Zagros
BABILÔNIA
Susa
ARACÓSIA
Mênfis
SAGÁRTIA
Uruk
Helmand
Oásis de Siwa
Ur
SATAGÍDIA
Anshan
EGITO
Pasárgada
Persépolis
ARÁBIA
ÍNDIA
Nilo
PERSIS
Oásis de El Khãrga
Taymã'
GOLFO PÉRSICO
Tebas
CARMÂNIA
MAR VERMELHO
Elefantina
1ª Catarata
OCEANO ÍNDICO
ETIÓPIA

LISTA DE ABREVIAÇÕES

AH	Achaemenid History
AI	Acta Iranica
AJA	American Journal of Archaeology
AMI	Archäologische Mitteilungen aus Iran
ANET	J. B. Pritchard (ed.), *Ancient Near Eastern Texts Relating to the Old Testament*, 3 ed., Princeton, 1969.
BSOAS	Bulletin of the School of Oriental and African Studies
CDAFI	Cahiers de la Délégation archéologique française en Iran
Cowley	A. E. Cowley, *Aramaic Papyri of the Fifth Century B. C.*, Oxford, 1923.
CRAI	Comptes-rendus de l'Académie des Inscriptions et Belles-Lettres
DHA	Dialogues d'histoire ancienne
FgrHist	*Die Fragmente der griechischen Historiker*, von F. Jacoby, I-XIII, Berlin-Leiden, 1923-1958.
FHG	*Fragmenta Historicorum Graecorum*, edd. C. et T. Müller, I-V Parisiis, 1841-1873.
Grelot	P. Grelot, *Documents araméens d'Égypte*, Paris, 1972.
IA	Iranica antiqua

JNES	Journal of Near Eastern Studies
Kent	R. G. Kent, *Old Persian. Grammar. Texts. Lexicon.* 2 ed., New Haven, 1953.
ML	R. Meiggs – D. Lewis, *A Selection of Greek Historical Inscriptions to the End of the Fifth Century B.C.*, rev. ed., Oxford, 1988.
PFT	R. T. Hallock, *Persepolis Fortification Tablets*, Chicago, 1969.
Posener	G. Posener, *La première domination perse en Egypte*, Le Caire, 1936.
PTT	G. G. Cameron, *The Persepolis Treasury Tablets*, Chicago, 1948.
REA	Revue des études anciennes
RHR	Revue de l'histoire des religions
SI	Studia Iranica
Syll^3.	W. Dittenberger, *Sylloge inscriptionum Graecarum*, I-IV, 3 ed., Leipzig, 1915-1921.
Wehrli	*Die Schule des Aristoteles. Texte und Kommentar*, hrsg. von F. Wehrli, I-X, Basel-Stuttgart, 2. Aufl., 1967-1969.
ZAss	Zeitschrift für Assyriologie

NOTA BIBLIOGRÁFICA

Esta lista contém somente uma seleção de obras publicadas no último decênio (1983-1993), nas quais o leitor pode encontrar bibliografias anteriores*. Uma obra de referência indispensável é a *Encyclopaedia Iranica*, London-New York, I (1985). Alguns estudos sobre problemas mais específicos são citados nas notas. Está para ser publicada uma obra de síntese sobre o império persa, em vários volumes, por Pierre Briant**. Uma nova edição comentada da *Ciropedia* de Xenofonte está sendo preparada por Aldo Corcella, para a Fondazione Valla ("Scrittori greci e latini")***.

*. Incluímos, nesta nota bibliográfica preparada por Asheri, algumas obras posteriores a 1993, somente nos casos que nos pareciam estritamente necessários para atualizar as informações dadas pelo autor. (N. da T.)

**. Trata-se de *Histoire de l'Empire Perse: de Cyrus à Alexandre*, Paris, Fayard, 1996. (N. da T.)

***. Além da edição de Heródoto pela Fondazione Lorenzo Valla, quase completada e em vias de ser publicada em inglês, pela Oxford University Press, é importante mencionar a edição de Ctésias publicada por D. Lenfant, ed. Belles-Lettres, Paris, 2004. (N. da T.)

ANH, G. *Religiöse Herrscherlegitimation im achämenidischen Iran. Die Voraussetzungen und die Struktur ihrer Argumentation* (Acta Iranica 31, 3ème série, Textes et mémoires, 17). Leiden-Louvain, 1992.

ASHERI, D. *Fra ellenismo e iranismo. Studi sulla società e cultura di Xanthos nella età achemenide.* Bologna, 1983.

BALCER, J. M. *Herodotus & Bisitun. Problems in Ancient Persian Historiography* (Historia-Einzelschriften, Heft 49). Wiesbaden, 1987.

_____. *Sparda by the Bitter Sea. Imperial Interaction in Western Anatolia.* Chicago, 1984.

_____. *The Persian Conquest of the Greeks 545-450 B.C.* Konstanz, 1995.

BRESCIANI, E. "Egypt, Persian Satrapy". *The Cambridge History of Judaism* I (edd. W. D. Davies and L. Finkelstein). Cambridge, 1984, p. 358-372.

_____, « L'Égypte des satrapes d'après la documentation araméenne et égyptienne », CRAI (1995). p. 97-108.

BRIANT, P. "Pouvoir central et polycentrisme culturel dans l'empire achéménide", AH I (1987), p. 1-31.

BRIANT, P. – HERRENSCHMIDT, C (edd.). *Le tribut dans l'empire perse. Actes de la Table Ronde de Paris, 12-13 Décembre 1986* (Travaux de l'Institut d'études iraniennes de l'Université de la Sorbonne Nouvelle, 13). Paris, 1989.

BRIANT, P. *Histoire de l'Empire Perse: de Cyrus à Alexandre.* Paris, 1996.

_____. *Darius dans l'ombre d'Alexandre.* Paris, 2003.

BUCCI, O. *L'impero persiano come ordinamento giuridico sovrannazionale.* I, Roma, 1984.

BURN, A. R. *Persia and the Greeks. The Defence of the West c. 546-478 B.C.* London, 2 ed., 1984 (com um *Postscript* de D.M. Lewis).

The Cambridge Ancient History. IV, 2 ed., Cambridge, 1988.

The Cambridge History of Iran, II. The Median and Achaemenid Periods (ed. I. Gershevitch). Cambridge, 1985.

COOK, J. M. *The Persian Empire.* London, 1983.

DANDAMAEV, M. A. *A Political History of the Achaemenid Empire.* Leiden-New York-Kobenhavn-Köln, 1989 (tradução atualizada do original russo, Moscou, 1985).

DANDAMAEV, M. A. – LUKONIN, V. G. *The Culture and Social Institutions of Ancient Iran.* Cambridge, 1989 (tradução atualizada do original russo, Moscou, 1980).

ERODOTO, *Le Storie. Libro III, La Persia,* a cura di D. Asheri e S. Medaglia. Traduzione di A. Fraschetti, Milano, 1990.

FREI, P. – KOCH, K. *Reichsidee und Reichsorganisation im Perserreich* (Orbis biblicus et orientalis, 55), Freiburg/Schweiz – Göttingen, 1984.

FREY, R. N. *The History of Ancient Iran.* Handbuch der Altertumswissenschaft III, München, 1984.

HIRSCH, S. W. *The Friendship of the Barbarians. Xenophon and the Persian Empire.* Hanover – London, 1985.

Journées d'Études sur l'Asie Mineure. Bordeaux, 13-14 Mars 1986 (REA 87, 1985).

L'or perse et l'histoire grecque. Table Ronde CNRS, Bordeaux 20-22 Mars 1989. Actes réunis par R. Descat (REA 91, 1989, 1-2).

PETIT, T. *Satrapes et satrapies dans l'empire achéménide de Cyrus le Grand à Xerxès Ier* (Bibliothèque de la Faculté de Philosophie et Lettres de l'Université de Liège, fasc. 254), Liège, 1990.

SCHMITT, R. *The Bisitun Inscriptions of Darius the Great. Old Persian Text* (Corpus Inscriptionum Iranicarum I, 1), London, 1991.

STOLPER, M. W. *Entrepreneurs and Empire. The Murašū Archive, the Murašū Firm and Persian Rule in Babylonia*. Leiden, 1985.

TUPLIN, C. "The Administration of the Persian Empire". In: *Coinage and Administration in the Athenian and Persian Empires*. Ed. by I. Carradine (BAR International Series, 343), Oxford, 1987, p. 109-166.

_____. "Darius' Suez Canal and Persian Imperialism", AH 6 (1991), p. 237-283.

_____. "Xenophon and the Garrisons of the Achaemenid Empire", AMI 20 (1987), p. 167-245.

_____. *Achaemenid Studies* (Historia Einzelschriften 99). Stuttgart, 1996.

VOGELSANG, W. J. *The Rise and Organisation of the Achaemenid Empire*. Leiden, 1992.

WALSER, G. *Hellas und Iran. Studien zu den griechisch–persischen*. Darmstadt, 1984.

WIESEHÖFER, J. *Das antike Persien von 550 v. Chr. bis 650 n. Chr.*. München-Zürich, 1994.

RICORDO DI DAVID ASHERI

David Asheri foi um verdadeiro internacionalista: no plano dos estudos como no plano ético-político. Seu laicismo integral atacava tanto a arrogância grega quanto a de outras culturas antigas da bacia do Mediterrâneo, igualmente nobres. Creio que uma de suas intuições mais belas diga respeito ao debate constitucional entre Otanes, Megabizo e Dario, no comentário do livro III de Heródoto. Aí, dizia Asheri, Heródoto dá a entender que o primado, na "invenção" da democracia, podia não ser dos gregos. Eis porque os atenienses não tinham apreciado aquela "leitura" oferecida por Heródoto de um episódio de história persa em que, bem antes de Clístenes, um nobre persa lançava a proposta de instituir a democracia: ainda por cima na Pérsia!

Todo "clericalismo" foi sempre estranho à mente de Asheri. E ele foi também defensor de um verdadeiro "sincretismo" científico no estudo do antigo Mediterrâneo.

Citarei uma sua fórmula pertinente, expressa no Congresso internacional sobre a "filologia clássica no século XX", realizado em Roma em 1992:

> Duas observações breves, de caráter geral, sobre as implicações metodológicas e 'ideológicas' dos estudos israelenses de literatura judeo-helenística. A primeira é relativa ao caráter pluridisciplinar destes estudos. Nos trabalhos de todos os estudiosos que mencionei (como nos de outros, vivos, que não menciono agora) é presente, implicitamente – e às vezes também explicitamente – um protesto contra a 'compartimentalização' tradicional de estudos clássicos e estudos hebraicos. O pressuposto admitido por estes estudiosos é que não somente a literatura hebraica em língua grega faz parte integral da literatura helenística, apesar das inegáveis características próprias de pensamento e de forma, mas também a literatura escrita em língua hebraica ou aramaica no período helenístico, romano e bizantino, permanece absolutamente incompreensível se a separarmos do contexto lingüístico e cultural da civilização circundante. Pede-se, portanto, uma preparação filológica clássica suficiente, como *conditio sine qua non*, não somente para os estudiosos de Fílão ou Josefo, o que é óbvio, mas também para os estudiosos dos textos bíblicos, da Mishnah, Midrashim e Talmud. Condição que não é certamente fácil de se realizar, o que pode explicar o número restrito de cultores sérios deste ramo, que, também por outras razões, tende a se tornar exotérico como outros ramos pluridisciplinares (como, por exemplo, o ramo paralelo do helenismo islâmico, sobre o qual ver a contribuição recente de F. Klein-Franke, professor de história da civilização islâmica da Universidade de Jerusalém, *Die klassische Antike in der Tradition der Islam*, Darmstadt 1980). A minha segunda observação se refere a um problema histórico-cultural de fundo, que suscitou em seu tempo um vivo interesse, em Israel como em outros países, mesmo fora dos círculos estritamente acadêmicos, ou seja, o caráter e a extensão do helenismo na Palestina. Este problema foi levantado por Lieberman nos dois volumes que mencionei (*Greek in Jewish Palestine*, 1942, e *Hellenism in Jewish Palestine*, 1950): a sua rica coleção de vocábulos, expressões e até mesmo fórmulas e provérbios gregos, citados na literatura rabínica, levou este estudioso à conclusão de que o helenismo tinha penetrado todas as camadas da população durante os séculos após Cristo, incluída a própria classe rabínica, cuja doutrina remonta a este tipo de literatura. Esta tese foi criticada severamente pelo historiador G. Alon, numa ampla resenha do primeiro volume de Lieberman, publicada em hebraico ("Kiriath-Sepher" 10, 1943-

44, 76-95). Segundo Alon, que seguia as teses dominantes no campo de estudos helenísticos em geral, o helenismo era circunscrito às cidades mistas da costa da Palestina, e esteve constantemente em conflito com as classes tradicionalistas, agrárias, do interior; por conseguinte, o helenismo não pôde penetrar profundamente na classe rabínica, representante das camadas tradicionais, a não ser em um nível puramente técnico (vocabulário, modos de dizer, etc.). A idéia de um hebraísmo helenizado, "liberal", aberto à civilização greco-romana e assimilado, em conflito com o hebraísmo tradicional, era – e é até hoje – geralmente admitida para o período mais antigo (séc. III-II a.C.), não para os séculos depois de Cristo, dos quais tratava, antes de mais nada, Lieberman. Foram as inscrições de Beth-She'arim, e a interpretação que delas ofereceram, inicialmente, Schwabe, depois, Lifshitz, a acalmar a situação.

Luciano Canfora

ÍNDICES

Principais argumentos tratados
Nomes histórico-geográficos
Fontes

Principais argumentos tratados

Administração central – 41; 71-73; 99-132
Arqueologia– 33-34; 71-72
Assalariados – 116-120
Catálogos (de povos) – 99-104
Centro e periferia – 41-73 (*leis, rede viária, moeda, línguas, religião*); 99-132 (*relações econômicas*); 136
Corrupção – 127-130
Dádivas – 112-113; 125-132
Daiva (divindades, demônios) – 60-62; 68-71

Decadência – 28-30; 133-136
Democracia. *Ver* regimes políticos
Direito, legislação – 41-43
Dons. *Ver* dádivas
Educação (*paidéia*) – 133-136
Escribas – 48
Espionagem ("Olho do Rei") – 45-46
Estado Persa. *Ver* Pérsia (índice de nomes)
Estradas. *Ver* Rede viária
Exército – 43-44
Exilados políticos – 123-124

Expansionismo – 17; 23-28; 37-39
Feudalismo – 130-132
Fisco – 101-132
Fontes (para a história aquemênida)
 – 30-34
Império, imperialismo – 35-41; 73.
 Ver também expansionismo
Intérpretes – 48-49
Justiça – 79-81 (justiça social); *Ver também* Direito, legislação
Legislação. *Ver* Direito, legislação
Línguas (plurilingüismo) – 46-49
Luxo, dissolução (*tryphé*) – 133-136
Masdeísmo. *Ver* Religião
Moedas, moedagem – 45; 121
Monarquia – 15-17 (*monarquias universais*); 35-36; 39-40 (*títulos*); 75-97 (*ideal monárquico*)
Oligarquia. *Ver* regimes políticos

Ouro persa – 125-130
Paidéia. *Ver* educação
Paraísos (jardins) – 120
Periferia. *Ver* Centro e periferia
Províncias. *Ver* satrapia
Rede viária – 44; 117-118
Regimes políticos – 86-97
Religião – 49-71 (50-63: *tolerância*; 63-71: *masdeísmo dos aquemênidas*; 64: *zoroastrismo*); 78-82 (*relação entre o soberano e a divindade*)
Salários – 116-120
Satrapia, sátrapos – 99-124
Servidão, servos – 132
Taxação – 101-116
Tolerância religiosa. *Ver* Religião
Tributos – 101-116
Tryphé. *Ver* luxo, dissolução
Zoroastrismo. *Ver* religião

Nomes histórico-geográficos

Adad (divindade acádica) – 55
África – 27
Afrodite (deusa grega) – 68
Agesilau (II, rei de Esparta, séc. V-IV a.C.) – 29; 31-32; 128-129 e n. 13; 135
Ahura Mazda (divindade persa) – 25; 55; 59-61; 64-71; 75-76; 78-81; 96; 99; 108; 136. *Ver também* Ormuzd
Akes (rio, talvez na Corásmia ou Drangiana) – 114
Akkad (região e reino mesopotâmico) – 39; 51. *Ver também* Sumer
alarôdios (população da Armênia?) – 101
albanos caucásicos (população do Cáucaso) – 47

Alcibíades (comandante e político ateniense, 450-404 a.C.) – 124
Alepo (cidade da Síria) – 110
Alêuades (dinastia da Tessália) – 83
Alexandre I, Fileleno (rei da Macedônia, 494-454 a.C.) – 123
Alexandre Magno (rei da Macedônia, 356-323 a.C.) – 15; 30; 32; 35; 63; 77-78; 92; 108-109; 113; 116
Aliates (rei da Lídia, cerca de 617-560 a.C.) – 20; 114
Amaséia (cidade do Ponto, Anatólia) – 68
Amasis (faraó egípcio, cerca de 568-526 a.C.) – 20; 54; 57-59

Améstris (rainha persa, esposa de Xerxes) – 31
Aminta "da Ásia" (neto de Alexandre I, rei de Macedônia, séc. IV a.C.) – 123
Amon-Ra (Amon-Re) (divindade egípcia) – 24; 82. *Ver também* Râ
Anadates (paredro persa) – 68
Anahita (divindade venerada pelos persas) – 67-68
Anatólia – 23. *Ver também* Ásia Menor
Anaximandro de Mileto ("filósofo" grego, 610-547 a.C.) – 103
Angdistis (ou Agdistis, divindade da Ásia Menor) – 70
Angro Mainyush (ou Angra Mainyu, elemento negativo no masdeísmo) – 66. *Ver também* Areimânios
Anshan (cidade, atual Tall-i Malyan, no Fars, Irã) – 20-22; 25
Antifonte (sofista e/ou orador, séc. IV a.C.) – 87
Antila (cidade do Egito) – 110
Antíoco (embaixador da Arcádia, séc. IV a.C.) – 135
Anu (divindade solar babilônica) – 81
aparitas (tribo do norte de Peshawar?) – 101
Ápis (divindade egípcia) – 57-58; 62-63
Apolo (deus grego) – 55; 56; 84; 120
Apries (faraó egípcio, 589-570 a.C.) – 54
Aquêmenes (fundador da dinastia aquemênida) – 21; 22
Aquemênidas (reis, dinastia) – 20-22 (*origem*); 22-30 (*soberanos*). *Ver também* Pérsia, persas; Ciro, Cambises, Dario, etc.
Arábia, árabes – 18; 27; 100; 113; 117
Aracósia (região oriental do Irã, no atual Afeganistão) – 26; 100; 103; 111
Arcádia (região do Peloponeso) – 135
Áreia (ou Ária), ários (região na parte ocidental do Afeganistão) – 100; 101; 103. *Ver também* Haraiva
Areimânios – 66. *Ver também* Angro Manyush
Argéadas (dinastia macedônica) – 105
argivos (de Argos, cidade grega) – 128
Ariandes (sátrapa do Egito, séc. V a.C.) – 27; 45
Ariaramnes (antepassado de Dario) – 21, 22
ariaspes (população do Irã oriental) – 125
Aristágoras de Mileto (um dos chefes da revolta jônica contra os persas, séc. VI-V a.C.) – 103; 134
Aristobulo de Cassândrea (um dos historiadores de Alexandre) – 78
Aristófanes (comediógrafo ateniense, séc. V-IV a.C.) – 49; 110
Aristóteles (filósofo grego, 384-322 a.C.) – 36; 66; 107
Armênia, armênios (região entre a Assíria e o Cáucaso) – 20; 26; 39; 100; 101; 106; 110. *Ver também* Urartu
Arriano (historiador grego, séc. II d.C.) – 32; 110

Arsácidas (reis da Pártia, cerca de 250 a.C.–225 d.C.) – 18; 39
Arsames (avô de Dario) – 21; 22; 118
Arshama – 118. *Ver também* Arsames
Arta (divindade persa) – 60; 65; 67
Artabazo (comandante persa, filho de Farnaces, séc. V a.C.) – 106; 118; 128
Artafernes (ou Artafrenes, irmão de Dario e sátrapa de Sardes) – 84; 93; 113; 114. *Ver também* seguinte
Artafernes (ou Artafrenes, comandante persa, filho do precedente) – 27; 82
Artafrenes (Artafernes) (personagem citado nos *Persas*, de Ésquilo) – 84; 85
Artasiras (nobre persa) – 118
Artataicmes (nobre persa) – 118
Artavasdes (nobre persa) – 118
Artaxerxes – 56; 67
Artaxerxes I Longímano (rei persa, 465 – 425 a.C.) – 28; 39; 42; 55; 56; 61; 67; 83. *Ver também* Artaxerxes
Artaxerxes II Mnêmon (rei persa, 405-358 a.C.) – 28-29; 67; 129. *Ver também* Artaxerxes
Artaxerxes III Ocos (rei persa, 358–343 a.C.) – 29; 62-63. *Ver também* Artaxerxes
Artazostra (filha de Dario, mulher de Mardônio) – 118
Ártemis (deusa grega) – 56; 69
Artemísia (filha de Ligdamis, soberana de Halicarnasso, início séc. V a.C.) – 106
Artemísio (promontório da Eubéia) – 28; 123

Ártmio de Zeléia (proxeno ateniense, séc. V a.C.) – 128
Asagarta – 100. *Ver também* Sagártia
Asha (divindade avéstica) – 67
Ásia – 19; 27; 38; 101; 104; 111; 123
Ásia Menor – 17; 20; 23; 28-29; 30; 31; 33; 34; 43; 46; 47; 48; 70; 83; 103; 105; 120; 122-123; 128; 132; 135. *Ver também* Anatólia
Asidates (fidalgo persa da Mísia capturado por Xenofonte) – 122
Aspátines (um dos conspiradores persas contra os magos, séc. VI a.C.) – 118
Aspendos (cidade da Panfília) – 110
Assíria, assírios (região, estado, reino, império) – 15, 16; 19; 23; 35; 36; 39; 61; 100; 101; 104; 111; 117. *Ver também* reino neobabilônico
Assuero – 102 n. 1. *Ver também* Xerxes
Assur (cidade às margens do Tigre) – 51
Assurbanipal (rei assírio, 669-627 a.C.) – 21; 22; 39; 61
Astíages (Ishtumegu) (rei dos medos, cerca de 585–550 a.C.) – 19; 20; 22; 105; 122
Atena (deusa grega) – 55; 56; 69
Atenas, atenienses – 27; 28; 49; 56; 83; 87; 89; 90; 91; 94; 109; 114; 129; 134; 135. *Ver também* Ática
Atenas, império – 35. *Ver também* Delos, liga de
Ateneu de Náucrates (escritor grego, séc. II-III d.C.) –78; 110; 129 n. 14
Athos (península) – 38

Ática – 62; 128. *Ver também* Atenas
Atossa (rainha persa, mãe de Xerxes) – 31; 48
Atum (divindade egípcia) – 54
Augusto (imperador romano, 63 a.C.-14 d.C.) – 16; 69
Babilônia, babilônios (cidade, região, reino, província) 17; 19; 23; 24; 28; 30; 33; 39; 48; 51-53; 55; 59; 61; 68; 72; 100; 101; 104; 105; 106; 108; 109; 110; 113; 114; 115; 117; 124; 131 n. 15; 134. *Ver também* reino neobabilônico
Bactriana (ou Báctria), bactrianos (região e cidade entre o Paquistão e o sul do Tagiquistão e Uzbequistão) – 23; 30; 72; 100; 101; 111; 118
Barce (cidade da Líbia) – 24; 101
Bardiya (irmão de Cambises) – 25-26; 124. *Ver também* Gaumata
Barene (cidade próxima de Ecbátana) – 122
Behistun (ou Bisitun/ Bisutun, localidade irânica com inscrição de Dario) – 21; 25-26; 30; 33; 35; 47; 59; 64; 66; 79-81; 84; 85; 90; 99
Bel (divindade assírio-babilônica) – 51
Belesys (sátrapa de Babilônia) – 106
Belshazar (ou Baltazar, último rei de Babilônia, filho de Nabonido?) – 136
Bengasi (cidade da Líbia) – 27
Beócia, beotas (região da Grécia) – 56; 83; 84
Beroso (historiador babilônico, III séc. a.C.) – 68
Bisitun (Bisutun). *Ver* Behistun

Bósforo (canal entre o Mar Negro e o mar de Mármara) – 27; 28
Buto (centro religioso do Egito) – 62
cabalenses (gr. *Kabálioi*, população na área lídia) – 101. *Ver também* lasônios
cadúsios (população da costa do Mar Cáspio) – 28; 29
Cambises I (rei aquemênida, pai de Ciro, o Grande) – 20; 22
Cambises II (rei aquemênida, 530-522 a.C.) – 22; 24-26; 33; 38; 40; 42; 51; 53-54; 57-59; 63; 84; 85; 87; 90; 95; 96; 97; 105; 124; 130
Capadócia, capadócios (região da Anatólia central) – 91; 100; 101; 106; 110; 117; 125. *Ver também* Pática; sírios-capadócios
Cária, cários (região no sudoeste da Ásia Menor) – 27; 28; 43; 100; 101; 117. *Ver também* Karka
Carmânia (região irânica) – 111; 122. *Ver também* utianos
Cartago (cidade da região líbica, império) – 24; 35
Cáspio (mar) – 18; 26
cáspios (habitantes da costa do mar Cáspio) – 101
Cassandane (rainha persa, mulher de Ciro, o Grande) – 24
Cáucaso (montanhas) – 19; 47; 106
Celene (cidade da Frígia) – 123
Chipre (ilha de) – 24; 27; 28; 101; 106; 113
Ciaxares (rei dos medos, séc. VII-VI a.C.) – 19; 26
Cibele (deusa frígia) – 62
Cícero (filósofo, orador e político romano, 106-43 a.C.) – 62

Cílax de Carianda (explorador do rio Indo, séc. VI-V a. C.) – 26-27

Cilícia, cilicianos (região da Anatólia) – 44 n. 7; 101; 105; 106; 109; 121; 126

Cimão (político e comandante ateniense, ca. 510-450 a.C.) – 128; 129

Cirene, Cirenaica (cidade e região da Líbia) – 24; 27; 101

Ciro I (rei aquemênida, séc. VII a.C.) – 20; 21; 22

Ciro II, o Grande (rei aquemênida, 559-530 a.C.) – 17; 18; 22-25; 31-33; 36; 38-40; 42; 50-53; 59; 63; 64; 68; 83-84; 96-97; 105; 113; 123; 125; 134

Ciro, o Jovem (rei aquemênida, 424-401 a.C.) – 29; 31-32; 44; 56; 120; 126

Císsia – 101. *Ver também* Elam; Susiana

Cítia, citas (população nômade da Ásia central) – 26; 27; 62; 82; 100. *Ver também* getas; sacas

Cleômenes (rei espartano, séc. VI-V a.C.) – 103

Clístenes (político e reformador ateniense, fim séc. VI a.C.) – 89; 90

Cólquida (região da costa oriental do Mar Negro) – 47

Corásmia, corasmos (região e satrapia no nordeste da Pártia, sul do mar de Aral) – 100; 101; 102-103; 114

Corinto, coríntios (cidade grega) – 128

Creso (soberano lídio, cerca de 560-546 a.C.) – 20; 23; 105; 114; 122; 127

Ctésias de Cnido (médico e escritor grego, séc. V-IV a.C.) – 32; 104; 110; 122; 124; 135

dádicos (população do Dardistão ou Tagiquistão?) – 101

Damasco (cidade da Síria) – 68; 116

Damastes de Sigeu (historiador grego, séc. V a.C.) – 44 n. 7

Danaides (filhas de Dânao, rei de Argos, e personagens das *Suplicantes* de Ésquilo) – 40

Danúbio (rio) – 27; 110

Dárdano (cidade da Tróade) – 124

Dario I (rei aquemênida, 522-486 a.C.) – 21-22; 25-28; 30; 31; 33; 36; 38-40; 41-42; 45; 47; 53-56; 58-60; 62; 63-71; 75-97; 99; 100-104 108; 111; 113-114; 117; 118; 120; 123; 124; 130; 136

Dario II Ocos (rei aquemênida, 424–405 a.C.) – 24; 28; 42; 110 n.

Dario III "Codomano" (rei aquemênida, 336–330 a.C.) – 29-30

daritas (tribo da Hircânia) – 101

Dascílio (cidade da Frígia Helespontina) – 28; 119; 124

Dascílitis (satrapia, capital em Dascílio) – 100; 106

Dátis (comandante persa, séc. VI-V a.C.) – 27; 56; 82; 118

David (rei de Israel, séc. X a.C.) – 53

Deioces (rei dos medos) – 19

Delfos (cidade e centro religioso grego) – 62

Delos (ilha e centro religioso grego) – 56

Delos, Liga de – 35; 108; 109; 113; 124. *Ver também* Atenas, império

Delta (do Nilo) – 27; 28. *Ver também* Nilo
Demarato (rei de Esparta, séc. VI-V a.C.) – 38; 83; 106; 123; 134
Democedes (médico grego de Crotona, séc. VI a.C.) – 126
Der (cidade a este do rio Tigre, entre Eshnunna e Elam) – 51
Diana (divindade romana) – 68
Dinão (historiador grego do séc. IV a.C.) – 110
Diodoro de Sicília (historiador grego, séc. I a.C.) – 32; 42; 55
Dionísio de Siracusa (tirano siciliano, séc. V-IV a.C.) – 35
Dioscuria (empório na Cólquida) – 47
Diótimo de Atenas (comandante e embaixador ateniense) – 44 n. 7
Drangiana (região irânica, atual Sistan) – 100. *Ver também* sarangueus
Ecbátana (capital do reino meda, hoje Hamadan) – 17; 19; 22; 24; 30; 53; 68; 101; 116; 122
Éfeso (cidade grega da Ásia Menor) – 56
Egeu (mar) – 23; 28; 102
Egito, egípcios – 15; 24-29; 30; 33; 34; 39; 42-43; 45; 46-48; 53-55; 57-59; 62-63; 70; 72; 82; 85; 100; 101; 104-114; 117
Eglos (gr. *Aiglói*, tribo na região da Bátria) – 101
Elam (reino entre a Pérsis, Babilônia e Média) – 17; 21; 24; 26; 55; 62; 63; 77; 100; 101; 111. *Ver também* Císsia; Susiana
Elburz (montanhas no sul do mar Cáspio) – 18-19; 28

Elefantina (cidade do sul do Egito) – 42-43; 47; 58; 59
El-Khargah (oásis no sul do Egito) – 24
Enlil (divindade mesopotâmica) – 81-82
Êntimo de Górtina (grego recebido na corte do rei Artaxerxes, fim séc. V a.C.) – 129
eólios (i.e., cidades gregas eólias da Ásia Menor) – 101
Epícrates (demagogo ateniense, enviado junto ao rei persa em 395 a.C.) – 129
Erétria (cidade grega da Beócia) – 27; 82; 124
Esagila (templo babilônico de Marduk) – 50-51; 55; 61
Esarhaddon (rei assírio, filho de Senaquerib, 680-669 a.C.) – 61
Esdras (escriba hebreu, provavelmente séc. V a.C.) – 33; 39; 42; 50; 52
Eshnunna (cidade mesopotâmica, hoje Tell Asmar) – 51
Esmérdis – 25. *Ver também* Bardiya, Gaumata
Esparta, espartanos – 29; 38; 83; 103; 124; 128; 134; 135
Espitridates (fidalgo persa, séc. V a.C.) – 122
Ésquilo (tragediógrafo ateniense, séc. VI-V a.C.) – 31; 39; 40; 60; 83-85; 97; 134; 136
Ester (esposa judia do rei Assuero, segundo o livro de *Ester*) – 33; 42
Estrabão (geógrafo da época de Augusto) – 47; 60; 68-69; 110
etíopes da Ásia (tribo na Satagídia?) – 101

etíopes, rei dos (Amani-Nataki-Lebte, na época de Cambises) – 38; 127

Etiópia, etíopes (região no sul do Egito) – 24; 36; 107; 111; 113; 127. *Ver também* Kush, Núbia

Eudoxo de Cnido (filósofo e matemático grego, séc. IV a.C.) – 66

Euespérides (cidade líbica) – 27

Eufrates (rio da Mesopotâmia) – 69

Eurimedonte (rio da Panfília) – 28

Europa – 19; 27; 28; 38; 102

Euxino. *Ver* Ponto Euxino

Falero (porto da Ática) – 27

Farnabazo (sátrapa de Dascílio, séc. V-IV a.C.) – 124

Farnaces (filho de Arsames, tesoureiro de Dario) – 118. *Ver também* Parnaka

Fars – 21. *Ver também* Pérsis

Felipe (rei da Macedônia, 359-336 a.C.) – 130

Fênias de Éreso (filósoso peripatético, séc. IV a.C.) – 129

Fenícia – 19; 23; 29; 30; 33; 39; 45; 48; 101; 106; 113; 120. *Ver também* Transeufrates

Flávio Josefo (historiador hebreu, séc. I d.C.) – 107; 122

Fócida (região da Grécia continental) – 62

Fócion (político e comandante ateniense, 402-318 a.C.) – 129

Fraortes (rei dos medos) – 19

Frígia, frígios (região da Ásia Menor) – 83; 101; 123

Frínico (tragediógrafo grego, séc. VI-V a.C.) – 82

Gadata ("funcionário" persa, destinatário de uma carta de Dario) – 40; 55; 67; 120

Gambreio (cidade da Mísia) – 124

Gandara, gandaros (região na bacia do rio Kabul) – 26; 100; 101; 111

Gaugamela (localidade assíria) – 29

Gaumata (mago "usurpador" do trono persa, segundo Dario) – 25; 31; 66; 84-85; 96. *Ver também* Bardiya

getas – 27. *Ver também* Cítia, citas

Giges (rei da Lídia, séc. VII a.C.) – 127

Góbrias (comandante e conselheiro de Dario) – 55; 118

Gôngilos (grego de Erétria, exilado na Tróade) – 124

Górtina (cidade da ilha de Creta) – 129

Grânico (rio da Ásia Menor) – 29

Grécia, gregos (seleção) – 23; 27-30; 33; 38; 45; 49; 56; 60-62; 70; 82-83; 86-87; 97; 109; 113; 126-130; 133-136

Grineu (cidade da Tróade) – 124

Gutium (território dos guteus, na Mesopotâmia) – 51

Halicarnasso (cidade grega da costa da Ásia Menor) – 106

Hális (rio da Ásia Menor) – 17; 20

Hamadan – 19. *Ver também* Ecbátana

Hamurabi (rei de Babilônia, cerca de 1728-1686 a.C.) – 81

Haran (localidade da Síria do Norte) – 51

Harpago (medo, comandante de Ciro, conquistador da Ásia Menor ocidental) – 23; 106; *Ver também* seguinte

Harpago (comandante de Dario, capturou Histieu e outros rebeldes da Jônia) – 93. *Ver também* anterior

Harpágidas (dinastia lício-persa) – 106
hebreus – 23; 42-43; 52-53; 63; 127. *Ver também* Israel, Judéia, Pérsia
Hecateu de Mileto (prosador grego, séc. VI-V a.C.) – 103
Hecateu de Abdera (filósofo e historiador grego, séc. III a.C.) – 55
Hegesandro (de Delfos, autor de época helenística) – 129 n. 14
Helanico de Lesbos (historiador grego, séc. V a.C.) – 48
Helesponto (estreito de Dardanelos) – 36; 56; 101
Hera (deusa grega) – 69
Heracléia Pôntica (colônia grega na costa anatólica do Mar Negro) – 132
Héracles (herói-deus grego) – 84
Hermipo (biógrafo grego, séc. III a.C.) – 66
Heródoto (historiador grego, séc. V a.C.) – 16; 19-21; 23-28; 30-31; 35; 38-39; 43; 44; 45; 48; 49; 54; 56-62; 66; 68; 84; 85-97; 101-105; 107-116; 118; 121; 123; 124; 127; 128; 130; 134; 135
Hi(n)dush – 26; 100. *Ver também* Índia
Hierocesaréia (cidade da Lídia) – 68; 69
Hiparco "junior" (filho de Carmo, descendente de Pisístrato, arconte ateniense, primeiro cidadão ostracizado, início séc. V a.C.) – 89
Hípias de Élis (sofista grego, séc. V. a.C.) – 87
Hircânia (região ao sul do mar Cáspio) – 23; 123

Histaspes (pai de Dario) – 21; 22; 54
Histieu (tirano de Mileto, m. 493 a.C.) – 93
hitenenses (população das montanhas da Pisídia, no sudoeste da Ásia Menor?) – 101
Horus (divindade egípcia) – 53-54
Humban (divindade elamita) – 55
Hypaipa (cidade da Lídia) – 69
Idantirso (rei cita na época de Dario) – 38
Índia, indianos (região extrema do império persa, no atual Paquistão) – 18; 26; 36; 100; 102; 103; 107; 108; 111; 117; 118; 120. *Ver também* Hidush; Sind
Indo (rio) – 26; 27; 30; 36
Inglaterra – 131
Irã – 19; 39; 40; 50; 125
Iságoras (político ateniense, séc. V a.C., rival de Clístenes) – 89
Isaías ("segundo", profeta da época de Ciro) – 33; 53
Isidoro Cárax (geógrafo de língua grega, época de Augusto?) – 69
Isócrates (orador ateniense, 436-338 a.C.) – 135; 136
Israel – 57; *Ver também* Judéia, hebreus
Isso (cidade da Cilícia) – 29
Itália – 44; 46
Japão – 131
Jerusalém – 42; 52; 55
Jônia, jônios – 27; 43; 48; 60; 62; 82; 83; 90; 91; 96; 100; 101; 103; 106; 109; 113-114; 117; 119
Josefo. *Ver* Flávio Josefo
Judéia – 30; 33; 42-43; 50; 53; 120. *Ver também* Israel, hebreus
Justino (autor de uma epítome da obra de Pompeu Trogo) – 16

Kamisares (governador cário da Cilícia, fim séc. V) – 106
Kandahar (cidade do Afeganistão) – 118
Kastólou Pedíon (fortaleza da Lídia) – 44
Khargah. *Ver* El-Khargah
Khnum (divindade egípcia) – 43
Kurash – 20-22. *Ver também* Ciro
Kush – 24; 36; 100. *Ver também* Etiópia, Núbia
Lâmpsaco (cidade grega da Ásia Menor) – 123
Iasônios (população da Lídia) – 101. *Ver também* cabalenses
Líbano (cadeia de montanhas da Síria) – 111; 117
Líbia, líbios (região a oeste do Egito) – 24; 27; 101. *Ver também* Putâya
Lícia, lícios (região da Ásia Menor) – 28; 43; 101; 106; 123
Licurgo (legislador de Esparta) – 95
Lídia, lídios (região da Ásia Menor) – 17; 23; 29; 43; 44; 68; 69; 70; 83; 100; 101; 104; 120; 134
Ligdamis (tirano de Halicarnasso, séc. V a.C.) – 106
Lindos (cidade de Rodes, lugar do templo de Atena Líndia) – 56
Luristão (cadeia montanhosa irânica) – 126
Mâ (divindade anatólica) – 70
Macabeus (família de hebreus, chefes da revolta contra os Selêucidas, séc. II a.C., e depois governadores da Judéia) – 50
Macedônia (reino, império) – 15; 16; 27; 49
macrones (população da costa do Mar Negro) – 102
Magna Grécia – 108

Magnésia no (rio) Meandro (cidade grega da Ásia Menor) – 55; 101; 120; 123
Mago. *Ver* Gaumata, Bardiya
Maka (costa arábica do golfo?) – 100
Malian (= Tall-i Malyan) – 21. *Ver também* Anshan
Mania (viúva de Zênis, fidalgo na Tróade, séc. V-IV a.C.) – 124
Márafis (personagem dos *Persas* de Ésquilo) – 84
Maratona (localidade da Ática) – 27; 83
Mardos (personagem real nos *Persas* de Ésquilo) – 84
Mardônio (filho de Góbrias e genro de Dario, comandante persa) – 55; 56; 89; 118; 128
Mardoqueu (hebreu deportado, personagem do livro de *Ester*) – 42
Marduk (deus babilônico) – 24; 50-52; 61; 68
mares (população da costa sul do Mar Negro) – 102
mariandinos (população da costa sul do Mar Negro) – 101; 132
massagetas (população nômade da Sogdiana) – 38
massagetas, rainha dos (Tomyris, séc. VI a.C.) – 38
matienos (habitantes do sul do lago de Úrmia) – 101
Mausolo (sátrapa da Cária, séc. IV a.C.) – 106
Mazares (medo, comandante de Ciro) – 23
Mazda Ahura. *Ver* Ahura Mazda
Meandro (rio da Ásia Menor) – 55; 123
Média, medos (região, estado, reino, império) – 15-20; 24;

26; 43; 46-47; 66; 77; 83; 100; 101; 104; 107; 117; 120; 122
Mediterrâneo (mar) – 23; 44; 104; 114
Medos (epônimo fictício dos medos) – 83
Megabazo (enviado persa em Esparta, 458 a.C.) – 128
Megabizo (um dos conspiradores persas contra os magos, séc. VI a.C.) – 86; 91; 92; 94
Mênfis (cidade do Egito) – 57-59; 101
Meroé (capital da Núbia, hoje Begarawiya) – 24
Mesopotâmia – 17; 23; 29; 30; 34; 46; 70; 81; 104; 120
Metíoco (filho de Miltíades, capturado pelos persas e protegido por Dario) – 123
Me-Turnu (cidade) – 51
Mícale (promontório da Ásia Menor) – 28
micos (população da costa persa do estreito de Ormuz) – 101
Mileto (cidade grega da Ásia Menor) – 43; 82; 103
milieus (população da Lícia) – 101
Miltíades (comandante ateniense, um dos heróis de Maratona, séc. VI-V a.C.) – 123
Mirina (cidade da Tróade) – 124
mísios (população anatólica) – 101
Mitra (divindade persa) – 55; 67-68
Miunte (cidade grega da Ásia Menor) – 43; 123
Moeris (lago do Faium, Egito) – 101; 110; 112
moscos (população da costa do Mar Negro) – 102
mossinecos (população da costa do Mar Negro) – 102

Murghab – 24. *Ver também* Pasárgada
Nabonido (rei de Babilônia, 556-539 a.C.) – 20; 22; 23; 50-52; 53; 59; 105; 122
Nabu (divindade mesopotâmica) – 51
Nabucodonosor II (ou Nebuchadnezzar, rei de Babilônia, 605-562 a.C.) – 20; 26; 19; 52-53; 63; 136
Napata (centro religioso da Núbia) – 24
Nápoles – 108
Naqsh-i Rustam (lugar da tumba de Dario) – 47; 76 n. 1; 99
Nebuchadnezzar. *Ver* Nabucodonosor
Neemias (governador da Judéia entre 445 e 433 a.C.) – 33; 115; 120
Negro, mar – 29; 36
Neith (divindade egípcia) – 54; 55; 58; 59
Nilo (rio) – 28; 110. *Ver também* Delta
Nínive (capital do império assírio) – 19; 51
Núbia – 24; 100. *Ver também* Etiópia, Kush, Napata, Meroé
Ocidente – 27; 28; 30; 80; 86; 91; 103; 117; 130
Omanos (paredro persa) – 68
Onesícrito de Astipaléia (historiador greco da época de Alexandre) – 77-78
Oriente – 27; 29; 30; 31; 31; 77; 81; 90; 96; 103; 117; 130
Oriente Médio – 15; 17; 19; 39; 40; 71; 104; 105; 112
Ormuzd – 66. *Ver também* Ahura Mazda

157

Oromazdes. *Ver* Ormuzd
ortocoribantes (= sacas do chapéu de pontas?) – 101
Otanes (um dos conspiradores persas contra os magos) – 26; 85-94; 124
Otis (rei-vassalo da Paflagônia, séc. V-IV a.C.) – 123
Paflagônia, paflagônios (região no norte da Ásia Menor) – 29; 101; 105; 123
Pahlevi, Mohammed Reza (xá do Irã) – 18; 40; 50
Paleogambreio (cidade da Mísia) – 124
Palestina – 19; 23; 46; 72; 101; 120. *Ver também* Síria-Palestina; Transeufrates
Panfília, panfílios (região do sul da Anatólia) – 28; 101; 110
Pantimates (população da costa do Mar Cáspio) – 101
Paquistão – 26
paricanos (gr. – *Paretakenoi*, tribo meda) – 101. *Ver seguinte*
paricanos (habitantes da região da Gedrósia – Beluchistão) – 101. *Ver anterior*
Parisatis (rainha persa, mulher de Dario Ocos) – 110
Parnaka – 118. *Ver também* Farnaces
Párshua (reino irânico) – 18; 20-21. *Ver também* Pérsis
Pártia, partos (região no sudeste do mar Cáspio, nordeste do atual Irã) – 16; 23; 30; 100; 101; 102
Pasárgada (uma das capitais aquemênidas) – 23; 30; 39; 64; 69; 116. *Ver também* Murghab
Pática (gr. *Paktyïkê* = Katpatuka, Capadócia?) – 101

Pausânias (rei espartano, séc. V a.C.) – 124; 134
Pausânias (geógrafo grego, séc. II d.C.) – 69
pausicas (habitantes da costa sul do mar Cáspio?) – 101
Pelópidas (político e general tebano, m. 364 a.C.) – 129
Peloponeso (região da Grécia) – 128
Pérgamo (cidade grega da Ásia Menor) – 122; 123
Péricles (político e general ateniense, ca. de 490 a.C.-429 a.C.) – 62; 87; 109
persa, império. *Ver* aquemênida, império
Persépolis (uma das capitais aquemênidas, fundada por Dario) – 27; 29-30; 33; 44; 47; 48; 55; 60; 71; 77; 81; 83; 85; 100; 108; 116; 117; 118; 135
Pérsia, persas (estado, monarquia, império) – 15-18 (*monarquia universal*); 30-34 (*fontes para a história aquemênida*). *Ver também* Aquemênidas (reis, dinastia). Ver índice de argumentos (*administração, centro e periferia, decadência, exército, fisco, línguas, monarquia, rede viária, religião, satrapias, etc.*)
Pérsico, golfo – 18
Pérsis (= Fars, região irânica) – 17-18; 21; 24; 25; 26; 55; 99; 100; 102;
Píndaro (poeta grego, séc. VI-V a.C.) – 87
Pisistrátidas (descendentes de Pisístrato, tirano ateniense) – 83

Pissutne (sátrapa de Sardes, séc. V a.C.) – 29
Pitarco de Cízico (suposto amigo de Ciro) – 123
Pítio (rico senhor da Lídia, época de Xerxes) – 123; 126
Platão (filósofo ateniense, 427-347 a.C.) – 95; 97; 110; 134
Platéia (cidade grega) – 28; 56; 84; 128
Plutarco (escritor grego, séc. I-II d.C.) – 32; 62; 69; 78; 93 n. 12; 115; 123; 129 e n. 13 e 14
Policlito de Larissa (historiador grego da época de Alexandre) – 113; 115; 125
Pompeu Trogo (historiador romano da época de Augusto) – 16
Ponto Euxino – 101. *Ver também* Negro, mar
Pródico de Ceos (sofista grego, séc. V a.C.) – 87
Propôntida (mar de Mármara) – 82
Protágoras de Abdera (sofista grego, séc. V a.C.) – 87
Psamênitos (Psamtik III, filho de Amasis, faraó egípcio vencido por Cambises) – 24; 105
Ptah (deus egípcio) – 57
Ptahhotep (governador egípcio sob Dario) – 106
Putâya – 27. *Ver também* Líbia
Qedar (tribo do norte da Arábia) – 106
Quefrén (faraó egípcio) – 59
Quéops (faraó egípcio) – 59
Râ (ou Rê, divindade egípcia) – 54; 90. *Ver também* Amon- Ra
Raga (localidade irânica) – 29

Reino neo-babilônico – 20; 23. *Ver também* Babilônia
Reza Pahlevi. *Ver* Pahlevi, Mohammed Reza
Rodes (ilha grega do mar Egeu) – 55; 56
Roisakes (suposto desertor persa, séc. V a.C.) – 128
Roma (império romano) – 15; 16; 35; 46
Romênia – 27
Rússia – 91
Sabázios (culto da Ásia Menor) – 70
Sacas (sakas) – 36; 60; 68; 100; 101. *Ver também* Cítia, citas
Sagártia, sagartianos (população nômade a leste da Pérsis) – 100; 101. *Ver também* Asagarta
Sais (cidade e centro religioso egípcio) – 53-55
Salamina (cidade da ilha de Chipre) – 28; 84; 106; 123
samaritanos (população da Judéia) – 42
Samos (ilha grega do mar Egeu) – 26; 82; 91; 126
Sandoques (juiz real sob Dario) – 93
Saqqara (lugar onde se encontra a necrópole de Mênfis) – 58. *Ver também* Mênfis
Sarangueus – 101; *Ver também* Drangiana; Zranka
Sardes (capital da Lídia) – 17; 23; 28; 44; 49; 62; 68; 70; 100; 111; 113; 117; 119; 120; *Ver também* Sparda
sáspiros (ou sápiros, população entre a Média e a Cólquida) – 101
Sassânidas (reino irânico, 226–642 d.C.) – 18; 39; 64

Satagídia, satágidas (região na extremidade oriental do império persa) – 100; 101
Selêucidas (dinastia macedônica) – 17; 46; 50
Senaquerib (rei assírio, 704-681 a.C.) – 61
Shimut (divindade elamita) – 55
Shiraz (cidade do Irã) – 18 n. 1; 21; 50
Shiva (ou Siwa, oásis do Egito) – 24
Sidon (cidade fenícia) – 106
Siénesis (dinastia da Cilícia) – 105; 106; 126
Sikayauvatish (fortaleza na Média) – 25
Silosonte (irmão de Polícrates, tirano de Samos, séc. VI a.C.) – 126
Sin (divindade babilônica) – 53
Sind – 26. *Ver também* Índia
Síria, sírios – 19; 23; 46; 51; 110; 117; 120. *Ver também* Transeufrates
Síria "Palestina" – 101
sírios (= capadócios) – 101
Sisamnes (juiz real sob Cambises) – 130
Siwa. *Ver* Shiva
Skudrâ, skudros – 100; 117. *Ver também* Trácia, trácios
Skunkha (chefe cita, segundo Dario na inscrição de Behistun) – 26
Smerdis. *Ver* Esmérdis
Sófocles (tragediógrafo ateniense, séc. V a.C.) – 94
Sogdiana, sogdianos (região entre os rios Oxus e Jaxartes, hoje parte do Uzbequistão e Tagiquistão) – 23; 36; 100; 101; 103; 111; 120

Sólon (legislador de Atenas, séc. VI a.C.) – 95
Sparda – 36; 100. *Ver também* Sardes
Suez (canal) – 28
Sumer (região e reino mesopotâmico) – 39; 51. *Ver também* Akkad
Susa (uma das capitais aquemênidas) – 24; 27; 30; 44 e n. 7; 47; 51; 54; 68; 79; 83; 85; 86; 89; 90; 101; 111; 114; 116; 117; 118; 135
Susiana – 17. *Ver também* Elam
Tácito (historiador romano, ca. de 55-117 d.C.) – 68
tamaneus (população na Drangiana ou Aracósia?) – 101
Tanioxarques – 124. *Ver também* Bardyia; Esmérdis
Tarento (cidade grega da Magna Grécia) – 27
Taurus (cadeia de montanhas da Ásia Menor) – 17
tebanos (de Tebas, cidade da Grécia continental) – 128
Teerã – 29
Teispes (rei aquemênida) – 20-22
Temístocles (político e general ateniense, séc. V a.C.) – 106; 123-124
Teopompo (historiador grego, séc. IV a.C.) – 111
Termópilas (desfiladeiro na Grécia central) – 28; 134
Tessália (região do norte da Grécia continental) – 83; 102
tibarenos (população do sul do Mar Negro) – 102
Tibério (imperador romano 42 a.C.-37 d.C.) – 68
Tigre (rio da Mesopotâmia) – 51

Timágoras (embaixador ateniense, séc. IV a.C.) – 129
Tiro (cidade fenícia) – 106
Tissafernes (sátrapa da Lídia e general, fim do séc. V a.C.) – 56
Titrauste (sátrapa da Jônia, séc. IV a.C.) – 128
Tomyris. *Ver* massagetas, rainha dos
Trácia, trácios (região da Europa sul-oriental) – 27; 82; 100;102; 117
trácios da Ásia (tínios e bitínios, provavelmente emigrados da Trácia) – 101
Transeufrates (ou Transeufratênia, província persa que incluía Síria, Fenícia e Palestina) – 23; 29; 53; 63; 104; 107; 120
Tróade (região norte-ocidental da Ásia Menor) – 123; 124
Tróia (cidade da Ásia Menor) – 55
Tucídides (historiador grego, séc. V a.C.) – 48; 49; 56
Tukultininurta I (rei assírio, cerca de 1246–1209 a.C.) – 39
Turcomenistão (região a este do mar Cáspio) – 19
Udjahorresnet (funcionário egípcio sob Cambises e Dario) – 58; 106
Ulisses (herói grego) – 130
Urartu (reino e região entorno do lago Van) – 20; 39. *Ver também* Armênia
utianos (gr. *Outíoi* = persa *Yautiyâ*, população da Carmânia) – 101
Vermelho (mar) – 28; 36; 101
Vishtapa (ou Histaspes, nome do protetor de Zaratustra e do pai de Dario) – 54

Vohu Manah (divindade avéstica) – 67
Xenágoras de Halicarnasso (governador da Cilícia sob Xerxes) – 106
Xenofonte (discípulo de Sócrates e historiador ateniense, séc. V-IV a.C.) – 31; 36; 48; 56; 87; 97; 104; 106; 110; 115; 121; 124; 126; 129 n. 13; 134; 135
Xenofonte, Pseudo- – 87; 94
Xerxes (rei aquemênida, 486-465 a.C.) – 16; 28; 29; 31; 33; 36; 38; 39; 43-44; 45; 48; 55; 56; 60-65; 67-70; 76 n. 1 e 3; 78; 81; 83-85; 90; 100; 102 n. 1; 104; 124; 134
Yahweh (deus dos hebreus, com templo em Jerusalém) – 42-43; 52-53; 55; 58
Zagros (cadeia montanhosa irânica) – 17-19; 70; 106; 126
Zamban (cidade) – 51
Zaratustra (profeta de Ahura Mazda, fundador do masdeísmo) – 64; 66. *Ver também* Zoroastro
Zela (cidade templar do Ponto, Anatólia) – 68
Zênis (fidalgo na Tróade, séc. V-IV a.C.) – 124
Zeus (deus grego) – 16; 38; 61; 70
Zópiro, o Velho (filho de Megabizo e sátrapa de Babilônia) – 124
Zópiro, o Jovem (neto do precedente, exilado em Atenas) – 91
Zoroastro (e zoroastrismo) – 32; 50; 64; 81. *Ver também* Zaratustra

Fontes

Fontes Gregas e Latinas

Aristófanes, *Acarnenses*, vv. 85 ss. – *110*; v. 100 – *49*

[Aristóteles], *De mundo*, 398 a 27 – 36; 398 a 29 – *107*

Arriano – *32*
Anábasis de Alexandre, I, 26, 3 – *110*

Ateneu, I, 33 F – *110*; X, 434 D – *78*. (*Ver* Fênias; Hegesandro)

Beroso de Babilônia, *FgrHist*, 680 F 11 – *68*

Cícero, *De legibus*, II, 26 – *62*
De re publica, III, 14 – *62*

Ctésias de Cnido, *Persiká* – *32*; *135*; *FgrHist*, 688 F 9 (5) – *122*; F
39 – *110*
Tributos da Ásia – *104*

Damastes de Sigeu, *FgrHist*, 5 F 8 – *44 n. 7*

Dinão, *FgrHist*, 690 F 23 a-b – *110*; F 24 – *110*

Diodoro de Sicília – *32*; I, 95, 4 – *42*; 95, 5 – *55*

Ésquilo, *Persas* – *31*; *83-85*; *97*; *136*
vv. 24-25 – *39*; v. 157 – *84*; vv. 302-330 – *84*; vv. 584-590 – *134*; v. 666 – *40*; vv. 762-764 – *84*; vv. 765-783 – *83*; v. 767 – *84*; vv. 774-777 – *84*; v. 778 – *84*; vv. 805 ss. – *84*; vv. 809-812 – *60*
Suplicantes, v. 524 – *40*

Estrabão, XI, 2, 16 – *47*; 4, 6 – *47*; 8, 4 – *69*; 13, 8 – *110*; XIV, I, 5 – *60*

Fênias de Éreso, fr. 27 Wehrli (= Ateneu, 48 c) – *129*

Flávio Josefo
Antiguidades Judaicas, X, 249 – *107*; XI, 33 – *107*; XI, 186 – *107*

Frínico, *A Tomada de Mileto* – 82

Hegesandro, *FHG*, IV, 414 (fr. 7) (= Ateneu, VI, 251 B) – *129 n. 14*

Helanico de Lesbos, *FgrHist* 4 F 178 a-b – *48*

Helênicas de Oxirinco, VII, 2-5 [Bartoletti = 10, 2-5, Chambers] – *129 n. 13*

Heródoto, *Histórias* – *31*; *134*; *135*

I, 94, 1 – *114*; 96-106 – *19*; 131, 3 – *68*; 133, 1-3 – *110*; 135 – *56*; 136, 2 – *66*; 137, 1 – *93*; 183, 3 – *61*; 192, 1 – *110*; 192, 4 – *110*; 196, 5 – *115*; 206, 1-3 – *38*

II, 98, 1 – *110*; 154, 1-2 – *49*

III – *85-96*; 1-37 – *85*; 2, 1 – *54*; 15, 2-3 – *105*; 16 – *57*; 16, 1 – *59 n. 13*; 21, 2 – *127*; 21, 2-3 – *38*; 27-29 – *57*; 29, 2 – *57*; 31 – *93 n. 12*; 37 – *57*; 61-79 – *25*; *85*; 64, 4-5 – *58*; 71-72 – *88*; 80-82 – *86*; 80, 1 – *89*; 80, 3-4 – *92*; 80, 4-5 – *93*; 80, 6 – *95*; 81, 1-2 – *92*; 82, 2 – *92*; 82, 3-4 – *92*; 83-87 – *86*; 88-96 – *86*; *90*; *101*; 89, 1 – *102*; 89, 2 – *114*; 89, 3 – *97*; 91, 1 – *104*; 92, 1 – *104*; 96,1 – *102*; 96, 2 – *115*; 97,

1 – *102*; 117, 1-6 – *114*; 160, 2 – *91*
IV, 44, 1 – *28*; 44, 1-3 – *26*; 127, 1-4 – *38*; 166 – *45*
V, 25 – *130*; 49, 5-7 – *103*; 53 – *44*; 102, 1 – *62*
VI, 29-30 – *93*; 42, 2 – *113*; 43 – *118*; 43, 3 – *86*; 89; 97 – *56*; 101, 3 – *62*
VII, 8, ā, 2 – *16*; *38*; 11, 2 – *21*; 43, 3 – *56*; 61-98 – *43*; *90*; 66, 2 – *118*; 100, 1 – *48*; 104 – *38*; 194 – *93*
VIII, 133-135 – *56*; 35-39 – *62*; 54 – *56*; 85, 3 – *94*; 90, 4 – *48*; 118, 2-4 – *93 n. 12*; 144, 1-2 – *128*
IX, 37-38 – *56*; 41, 3-4 – *128*
Isidoro Cárax, *FgrHist*, 781 F 2(1) – *69*
Justino, *Histórias Filípicas*, XI, 12, 15 – *16*
Onesícrito de Astipaléia, *FgrHist*, 134 F 35 – *77-78*
Pausânias V, 27, 5-6 – *69*
Píndaro, *Pítica* II, 158 ss. – *87*
Platão, *Alcibíades*, I, 123 B-C – 110
  Fedro, 258 B-C – *95*
  Leis, III, 693 C – 698 A – 134
Plutarco – *32*
  Agesilau, 15, 6 – *129 n. 13*
  Artaxerxes, 3, 1-2 – *69 e n. 20*; 20, 4-6 – *129 n. 13*; 22, 9-12 – *129*; 27, 3-4 – *93 n.12*; 27, 5,4 – *93 n. 12*

Luculo, 24, 4 – *69*
Pelópidas, 30, 9-11 – *129*; 30, 12 – *129 n. 14*
Péricles, 17 – *62*
Moralia, 172 F – *78*; 211 B – *129 n. 13*; 792 C – *78*
Policlito de Larissa, *FgrHist*, 128 F 3 – *113*; *115*; *125*
Pompeu Trogo. Ver Justino
Tácito, *Anais*, III, 62, 3 – *68*
Teopompo, *FgrHist*, 115 F 263 (a) – *111*
Tucídides, *História da Guerra do Peloponeso*, IV, 50, 2 – *49*; VIII, 109, 1 – *56*
Xenofonte, *Anábase* – *31*; *104*; *135*; I, 2, 20 – *48*; 2, 27 – *126*; 4, 9 – *110*; IV, 5, 24 – *110*; 5, 34 – *110*; V, 6, 16-18 – *56*
  Ciropedia – *32*; *97*; VIII, 6, 10-11 – *121*; 6, 21 – *36*; 8 – *97*; *134*; 8, 1 – *36*
  Helênicas – *31*; III, 5, 1-2; *129 n. 13*
[Xenofonte], *República dos Atenienses* – *87*; *94*

Fontes Epigráficas Gregas
Crônica do templo de Atena Líndia – *FgrHist*, 532 C 32; 35; D 1 – *56*
Sylloge[3] 134 – *43*
ML (= Meiggs-Lewis, *Greek Historical Inscriptions*) – 12 – *40*; *120*; 12, ll. 17 ss. – *55-56 e n. 12*; *67*

Fontes Epigráficas Aquemênidas (ed. Kent)

Ciro
  CMb – *38*
  CMc – *38*

Dario
  Behistun – *21*; *25*; *26*; *33*; *35*; *47*; *64*; *66*; *81*; *85*; *90*

DB I § 2-3 – *21*; § 6 – *99*; §
  10 – *21*; *66*; § 13 – *84*
DB I, l. 17 – *100*
DB I, ll. 18-19 – *108*
DB IV, § 55 – *66*; §§ 62-63
  – *67*; § 63 – *66*; § 64 – *66*;
  § 68 – *84*; § 68-69 – *85*;
  §70 – *47*
DB IV, l. 63 – *79-80*
DB V § 72 – *60*; § 73 – *65*;
  § 75 – *60*
Naqsh-i Rustan – *47*; *66*; *75-77*
  DNa § 1 – *64*; § 3 – *99*;
    § 4 – *99*; § 6 – *65*
  DNb – *75-77*; § 1 – , *78*; *92*;
    § 2 – *79*; *94*; § 3 – *92*;
    § 4 – *78*; *93*; *94*; § 5 –
    80; *93*; § 6 – *80*; § 7 – *78*;
    92; § 8d – *76 n. 1*
  DNb, §§ 10-11 (ll. 50-60) –
    77 n. 5
Persépolis – *47*
  DPd § 1 – *64*
  DPd, ll. 13 ss. – *67*
  DPh § 2 – *36*
Susa – *47*
  DSe, ll. 37-41 – *79*
  DSf §3b – *21*; §§ 3f – 3j –
    111; §§ 3f – 3k – *117*
  DSj § 2 – *65*
  DSk § 2 – *65*
  DSs – *64*
Xerxes
Persépolis – *81*; *85* (não em Kent)
  XPa § 1 – *64*
  XPh § 3 – *100*; § 4 b – *60*; §
    4 d – *65*
Artaxerxes II
Hamadan – A² Hb – *67*

Fontes Bíblicas

Ageu – *33*
Crônicas, II, 36:22-23 – *53 e n. 10*
Daniel – *33*; 6:2-3 – *107*; 6:9 – *43*
Esdras – *33*; 1 – *52*; 4-6 – *42*;
  7:12 – *39*; 7:12-26 – *42*
Ester – *33*; *127*; *136*; 1:1 – *107*;
  1:19 – *43*; 1:22 – *47*; 3:12 –
  47; 8:9 – *47*; 9:20-32 – *42*;
  10:1 – *102 n. 1*
Isaías – *33*; 44:28 – *53*; 45:1 – *53*
Judite, 3:2 – *63*; 3:8 – *63*
Neemias – *33*; 5:14-19 – *120*;
  9:36-37 – *115*
Provérbios, 15:27 – *127*
Segundo Isaías – Ver Isaías
Zacarias – *33*

Outras Fontes

Cilindro de Ciro – *33; 50-52*; §§
  4-7 – *51*; § 20 – *39*; § 21 –
  20; § 23 – *51*; §§26-27 –
  51; § 29 – *36*; §§ 30-36 – *51*

Crônica de Nabonido – *22*; *51
  n. 9*; *53*

"Verse Account" de Nabonido –
  51 n. 9; *53*

Tabuinhas de Persépolis – *33;
  44; 48; 55; 108; 116-119*
PFT, 337-339 – *71*
PTT – *117*

Avesta – *32*;
  Yasna, 30, §§ 3-7 – *65- 66*;
  43, § 8 – *66*; 44, § 12 – *66*;
  Gâthâs – *33*; *61; 64; 66 e n.*
  17 ; *66- 67*

Fontes Papiráceas Aramaicas
96 Grelot (= 21Cowley) – *42*
97-103 Grelot (= 37, 38, x, 34, 27, 30-31, 32 Cowley) – *43*
102 Grelot (= 30-31 Cowley) – *58*

Fontes epigráficas fenícias – *39*

Fontes Egípcias
Crônica demótica – *41-42*; *59*
Posener, n. 1 – *59*; n. 3 – *54*; *58*; n. 4 – *54*; *58*; n. 8 – *54*

Hamurabi, código – prólogo – *81*

DAVID ASHERI

Nasceu em Florença, em 1925, e se transferiu com a família para a Palestina em 1939, em seguida à promulgação das leis raciais do fascismo. Professor de história antiga da Universidade Hebraica de Jerusalém, foi autor de numerosas contribuições sobre a vida política, econômica, social e jurídica das cidades gregas antigas, assim como de outras civilizações do antigo Mediterrâneo e Médio-Oriente. Foi editor de Heródoto (Milano, 1988 e s.), e autor, entre outras obras, de *Distribuzioni di terre nell'antica Grecia* (Torino, 1966), *Leggi greche sul problema dei debiti* (Pisa, 1969), *Fra ellenismo e iranismo* (Bologna, 1983). Faleceu em Jerusalém, em 2000.

IMPRESSÃO E ACABAMENTO
Bartira Gráfica e Editora S/A